GUIDA KOMPASS

La carta turistica KOMPASS 1:25 000, foglio n. 622 «Pale di San Martino - Fiera di Primiero - Paneveggio - Vanoi» raffigura un interessantissimo territorio i cui fiori all'occhiello sono costituiti da alcuni tra i più significativi gruppi dolomitici. Su tutti domina l'imponente massiccio delle Pale di San Martino anche se la catena dei Lagorai e il Cimonega non sono certo secondi in quanto ad importanza, interesse alpinistico ed escursionistico in genere. Sotto il profilo amministrativo, lungo lo spartiacque delle Pale e del Cimonega scorre il confine tra la Regione Trentino-Alto Adige e la Regione Veneto. Il territorio descritto comprende le Province di Trento e di Belluno.

La morfologia del territorio rappresentato in cartina si evidenzia per la massiccia componente orografica che, articolata in gruppi e catene, è distribuita in modo omogeneo su di un'ampia superficie dell'area cartografata. Da ciò ne discende un'idrografia superficiale dalle prevalenti caratterizzazioni torrentizie. Tra i torrenti spicca il Cismon che origina nella parte alta dell'omonima valle, dalla confluenza di numerosi rami laterali, nei pressi di San Martino di Castrozza. Il torrente Vanoi origina nella Val Cia ed attraversa la Val Cortella per confluire infine nel Cismon. Quest'ultimo costituisce il maggiore affluente del Brenta, con un bacino imbrifero di circa 633 km^2. Quest'area corrisponde con una certa approssimazione a quella dei quattro territori comunali trentini di Canal San Bovo, Mezzano, Imer, Primiero e dei quattro comuni bellunesi di Arsiè, Fonzaso, Lamon e Sovramonte. Il comune di Primiero si estende per buona parte anche nel bacino del Travignolo, che sfocia nell'Avisio; poco più a monte troviamo l'idilliaco lago artificiale di Paneveggio.

Tra i laghi, oltre ai già citati, e ai numerosi bacini artificiali, vi è una serie di laghi e laghetti alpini. Tra i più significativi il Lago Calaita (Val Cismon), il Lago Plank presso San Martino di Castrozza, i laghi del Colbricon e di Cavallazza, quelli di Cavia, di Juribrutto e di Lùsia e per finire quelli di Pradidali e di Manna nel Gruppo delle Pale di San Martino. Sempre in questo ultimo gruppo si riscontrano anche dei piccoli ghiacciai; tra i più significativi citeremo quello di Fradusta, di Travignolo, delle Zirocole e di Focobon.

Molti e di notevole livello i centri turistici sparsi su tutta (a carta che costituiscono apprezzate e frequentate stazioni di soggiorno e di villeggiatura estiva ed invernale; molto spesso un'adeguata ed efficiente infrastruttura di supporto consente la pratica dei più diffusi sport della neve. Spicca soprattutto San Martino di Castrozza, ma si evidenziano anche Falcade e le altre località dell'Agordino, Fiera di Primiero, Mezzano, Imer e Canal San Bovo. Tra le infrastrutture turistiche di supporto all'escursionismo alpino ricorderemo l'Alta Via delle Dolomiti n. 2, della quale possiamo seguire il percorso dalla Forcella di Pradazzo al Rifugio Bruno Boz. La capillare rete stradale che serve la zona dolomitica permette di raggiungere agevolmente il Gruppo delle Pale di San Martino da qualsiasi direzione: da nord (Cortina d'Ampezzo, Corvara in Badia) attraverso il Passo Campolongo, 1875 m, Passo Valparole, 2192 m, Passo Falzarego, 2105 m, fino a Cencenighe Agordino; da Fiera di Primiero la statale 347 assicura il collegamento con l'Agordino, la Valle di Zoldo e l'Ampezzano. Nella porzione settentrionale della cartina la n. 346 collega Moena alla Valle del Biois ed all'alta Val Cordevole. La statale n. 50 percorre la Val Cismon e collega Belluno attraverso il Passo Rolle, 1980 m, con Predazzo.

Sulla cartografia è compreso interamente il Parco Naturale di Paneveggio-Pale di San Martino e una piccola porzione del Parco Nazionale delle Dolomiti Bellunesi.

Le Pale di San Martino

Se fissiamo quattro punti su una carta geografica delle Dolomiti di cui il primo al Passo di Vallés, il secondo a Cencenighe, il terzo ad Agordo e l'ultimo a Fiera di Primiero, e si congiungono poi i vertici otteniamo un irregolare quadrilatero, che delimita grossolanamente la zona in cui sono comprese le Pale di San Martino.

L'intero massiccio è compreso fra la Valle del Biois a nord, la Val Cordevole a est, il Torrente Cereda a sud, e la linea di congiuntura dei Passi Rolle e di Vallés ad ovest. Con la sua forma ad anello è uno dei più grandi e più articolati complessi delle Dolomiti. Il Gruppo delle Pale di San Martino è un massiccio roccioso di circa 240 km^2 ritenuto dagli intenditori uno dei più belli della regione dolomitica. Già la parola «Pale o Pala» fa pensare ad un regno di favole disseminato di rocce e cime dalle più svariate conformazioni. Non senza motivo il Cimon della Pala, 3184 m, è denominato anche il «Matterhorn» delle Dolomiti; ma anche la Cima del Velo, 2480 m, o la Cima della Madonna, 2752 m, ci ricordano le fiabe della nostra gioventù. Le vie ferrate sulla Cima della Madonna si annoverano tra le più belle di tutte le Alpi calcaree.

Per tradizione il Gruppo delle Pale viene diviso in cinque settori convenzionali: le Pale di San Lucano, la catena settentrionale, la catena di San Martino, il massiccio centrale e la catena meridionale. La catena di San Martino inizia al Passo del Travignolo, che la separa dalla catena settentrionale e scorre in direzione nord-sud; la prima grande elevazione è il Cimon della Pala. Comprende i cosiddetti sottogruppi del Cimone, della Rosetta, della Cima di Val di Roda e del Sass Maor. Il massiccio centrale non può essere definito come catena; è piuttosto un ammasso di cime che si articolano in diverse direzioni. Questo territorio che si estende tra il Passo Pradidali basso, il Passo Canali e l'alta Val Pradidali si suddivide nel Gruppo della Fradusta e nel Gruppo della Cima Canali.

In questo territorio d'alta montagna sono presenti alcune formazioni glaciali; ricorderemo tra i principali i ghiacciai di Fradusta e di Travignolo, di Val Strut e di Focobon. Non meno suggestivi sono gli imponenti massicci al margine ovest e sud dell'altipiano con le grandiose strutture rocciose della Pala di San Martino, 2982 m, della Cima Canali, 2900 m, e la Cima di Fradusta, 2939 m. La catena sud-orientale che la Val Canali, la Valle d'Angheraz e la Valle di San Lucano separano dal massiccio centrale, è formata da montagne relativamente poco conosciute, ma di una straordinaria bellezza selvaggia, che con le loro grandiose pareti e profonde gole, gli imponenti pilastri e creste taglienti attraggono l'alpinista più che il nucleo cen-

Cimon della Pala da/von San Martino di Castrozza

trale. Qui l'alpinista esperto trova numerose possibilità per effettuare magnifiche escursioni circolari e percorrere impegnative vie ferrate. La conquista alpinistica del Gruppo delle Pale è iniziata nella seconda metà del XIX secolo, allorché alpinisti britannici effettuarono la prima traversata del gruppo dolomitico. Successivamente anche Ball e Stephen, illustri esponenti dell'alpinismo inglese, contribuirono, con le loro imprese, a divulgare l'immagine alpinistica delle Pale. Le vie attrezzate, ad esempio la Via Ferrata Bolver-Lugli, la Ferrata del Porton, il Sentiero del Cacciatore e tante altre, e soprattutto l'Alta Via delle Dolomiti n. 2 ci offrono grandiose escursioni ed imponenti scorci panoramici su questa gigantesca e naturale scultura rocciosa.

Il sottogruppo del Cimonega

Il compatto gruppo dolomitico del Cimonega sorge a sud delle Pale dalle quali è fisicamente diviso dal Passo Cereda e dalla strada che raccorda il Primiero all'Agordino. Il territorio presenta un notevole interesse escursionistico; è facilmente accessibile dal Primiero in genere o dal versante feltrino. Tra le vette principali citeremo il Piz di Sagron, 2486 m, il Sass de Mura, 2547 m, il Monte Pizzoc, 2440 m.

Il Parco Naturale di Paneveggio - Pale di San Martino

Questa importante realizzazione, volta alla protezione ed alla tutela di uno dei più singolari ecosistemi trentini, è opera della Provincia Autonoma di Trento che ne cura la gestione e l'amministrazione avvalendosi della preziosa collaborazione del Corpo Forestale dello Stato. La superficie del Parco (circa 125 km^2) è interamente compresa nei limiti della presente cartografia. Per poter meglio mirare l'azione di salvaguardia e gestione degli ambiti territoriali anche a fini economici, come ad esempio la forestazione e la pastorizia, dal 1987 il Parco è stato suddiviso in zone, classificate come

«Riserva integrale», il 33% del territorio soggetto a parco, «Riserva guidata», il 60%, e «Riserva controllata», il 7%. Quale Riserva guidata menzioniamo la Foresta di Paneveggio, già nota ai costruttori navali della Serenissima che ivi attingevano la preziosa materia prima per i loro navigli: essa fornisce un legno particolarmente pregiato e di buona fattura, tale da essere impiegato persino nella costruzione di delicati strumenti musicali. Già dominio dei conti di Tirolo, passò successivamente al casato d'Asburgo prima di essere definitivamente assegnato all'amministrazione italiana, con la conclusione del primo conflitto mondiale. Varie e articolate le vie di accesso consentono di raggiungere Paneveggio dal complesso sistema viario che si articola attraverso i numerosi passi alpini del circondario. La zona del Parco è inserita in un contesto paesaggistico di invidiabile bellezza, dove lo sguardo spazia verso le guglie acuminate delle Pale di San Martino, verso le vette dei Lagorai e verso la massiccia mole della Marmolada. Molto ricca e interessante, l'avifauna annovera pernici bianche, galli cedroni, forcelli, mentre la fauna è prodiga di cervi, camosci, caprioli, marmotte, scoiattoli, martore e tassi. Presente la volpe, mentre si sono estinti, data l'implacabile caccia degli uomini, orsi e lupi. L'ittiofauna annovera per lo più trote e salmerini. La flora, oltre alle varie specie di boschi (abeti, larici, pini cembri) presenta caratteristici aspetti comuni della flora alpina e d'alta montagna (scarpette di Venere, giglio rosso di San Giovanni, campanule, margherite). Presso Paneveggio è a disposizione del pubblico il Centro Visitatori del Parco, ove è possibile avere ogni tipo di informazione.

Parco Nazionale delle Dolomiti Bellunesi

Istituito nel 1990, il Parco Nazionale delle Dolomiti Bellunesi si estende su una superficie di circa 29.000 ettari, appartenenti alla provincia di Belluno e che interessano i gruppi delle Alpi Feltrine e del Cimonega, il massiccio roccioso del Pizzocco, i Monti del Sole-Feruch, il gruppo della Schiara, fino al Monte Talvena e Cima Pramper. Le Riserve naturali ed integrali create su questo stesso territorio, per un totale di 17.000 ettari, nel corso degli anni '70 da parte dell'Azienda di Stato per le foreste Demaniali sono entrate interamente a far parte del Parco Nazionale, mantenendo talvolta la propria identità. All'interno del Parco, infatti, si è proceduto ad una zonizzazione delle diverse aree secondo il loro grado di naturalità, stabilendo differenti modalità d'intervento: da aree di assoluto rispetto ad aree ove sono ammesse attività di tipo agro-silvo-pastorali. Estremamente variegato si presenta l'aspetto vegetazionale, con boschi di abete, faggio, carpino, tiglio e acero. Di notevole interesse per la loro unicità e varietà sono inoltre le associazioni floristiche d'alta quota, con specie che colonizzano cenge rocciose o ammassi detritici. Malgrado l'intensa attività venatoria del XIX secolo, che causò la scomparsa di tutti i grandi predatori (lupo, gatto selvatico, orso, lince) e dello stambecco, sono presenti oggi nel Parco cervi, camosci, caprioli, mufloni (popolazione alloctona introdotta sconsideratamente nei primi anni settanta), scoiattoli, donnole, martore e tassi. È da segnalare, a distanza di oltre due secoli dalla sua estinzione, la ricomparsa della lince, molto probabilmente riconducibile alla popolazione presente

nella Catena dei Lagorai. Tra gli uccelli si annoverano specie di grande interesse: l'aquila reale, la civetta, il picchio, l'upupa, lo sparviere, l'astore, l'allocco e il capogrosso.

Storia degli insediamenti

Una trattazione storica, se pur sintetica, sarà limitata al comprensorio del Primiero, nucleo centrale della cartografia in esame e territorio emergente sotto il profilo dell'interesse turistico. Recenti reperti archeologici nella zona del Colbricon (San Martino di Castrozza) dimostrano l'esistenza di primitive sedi umane in quota fin dal mesolitico. I primi abitatori del luogo furono infatti cacciatori, che si servirono largamente della pietra, per costruire attrezzi ed utensili d'uso domestico nonché armi per la caccia. Prima della colonizzazione romana i territori che gravitavano nell'area feltrina furono verosimilmente insediamenti retici; tracce di quel periodo sono documentate dai resti di antichissime opere di difesa. La romanizzazione dei luoghi introdotta dalle campagne militari di Druso portava, oltre all'acquisizione di nuovi territori strappati alle genti retiche, il consolidamento di altre zone che erano servite da basi strategiche per l'espansione dell'imperialismo capitolino. Le legioni di Druso dovettero domare la riottosità delle popolazioni locali tra le quali si distinsero particolarmente, oltre ai Retici, i Cadorini, gli Agordini e gli abitanti della Val di Fiemme. Questo cantone montano partecipò solo indirettamente alla vita politica ed economica del Trentino e della Venezia di allora; tutto però ci induce a credere che almeno il popolamento dei territori piani e fertili di Fonzaso, Lamon ed Arsiè sia cominciato contemporaneamente alla fondazione di Feltre dovuta agli Euganei o ai Veneti. Secondo la leggenda un gruppo di veneti, fuggendo dal «flagello di Dio» Attila, si nascose nell'attuale Valle di Primiero, costituendo il primo nucleo cittadino di Fiera di Primiero. Intorno al 570 Alboino, re dai Longobardi, annetteva al Feltrino il territorio di Primiero legandone le sorti per ben otto secoli.

In età medievale, nel mezzo dei contrasti tra papato ed impero, le genti del Primiero si diedero un'autonomia successivamente codificata nella «Comunità», amministrativamente divisa in quattro «columneli»: Tonadico, Transacqua, Mezzano, Imer. La ratifica delle consuetudini sociali del tempo, espressione di un'economia agro-silvo-pastorale, avvenne con l'approvazione degli statuti da parte del vescovado feltrino nel 1273. Ai vescovi-conti feltrini vari signori (Ezzelino da Romano) successero nel governo del paese: agli abitanti di Primiero vennero comunque concessi sempre dei privilegi particolari. Questo dipese anche dal fatto che nella zona furono scoperti giacimenti di minerali. Appunto in questo periodo di agiatezza le genti di Primiero tentarono di impossessarsi di pascoli e selve anche al di là dello spartiacque fra i bacini del Cismon e dell'Avisio, nella Valle del Travignolo, la quale faceva parte della Comunità di Fiemme. Le contese durarono dal 1313 fino alla metà del XIV secolo. Il distacco del territorio di Primiero dal Feltrino avvenne nel 1386, allorché gli arciduchi austriaci vendettero Feltre e la Valsugana a Francesco da Carrara, trattenendo la zona ricca di miniere d'argento e di rame. Nell'anno 1401 i signori di Welsperg ricevettero in feudo il Primiero e ne conservarono i diritti fino al 1827. L'assoggettamento all'Austria terminava con la pace di Bratislava quando Napoleone toglieva nuovamente agli Austriaci le Venezie per annetterle al Regno Italico. Con l'esaurirsi progressivo delle miniere che vennero man mano abbandonate dai vecchi sfruttatori, molti indigeni furono costretti a lasciare i paesi natii in cerca di lavoro. Nella seconda metà del XIX sec. si assiste ad una graduale ripresa economica, derivata dall'interesse mostrato da parte di stranieri per i maestosi gruppi montuosi. Parimenti sorgono industrie per la lavorazione del legno, segherie, caseifici e persino una birreria.

Monte Agner da sud/Monte Agner von Süden

Come comportarsi durante le escursioni

L'escursionismo in un ambiente naturale quasi incontaminato rappresenta per l'uomo un'esperienza particolare. Se l'escursionista vorrà trovare riposo e soddisfazione è bene che segua alcuni consigli. Le persone inesperte dovrebbero effettuare esclusivamente escursioni facili che, in normali condizioni atmosferiche, possono essere condotte senza l'aiuto di una guida. Escursioni in alta montagna richiedono notevole esperienza oppure la presenza di una guida alpina. L'equipaggiamento di base di ogni escursionista dovrebbe esser costituito da: scarponi alti con suola di gomma intagliata, vestiario appropriato, zaino, protezione contro la pioggia, farmacia tascabile, protezione solare (crema) e carta turistica dei sentieri e rifugi. Una lampada tascabile, la bussola e l'altimetro forniscono un'ulteriore sicurezza. Sarà utile, prima di intraprendere un'escursione, informarsi sullo stato del percorso, sulla lunghezza del medesimo e sul grado di difficoltà, senza tralasciare un accurato esame delle condizioni fisiche di ognuno. Inoltre bisognerà considerare attentamente le condizioni atmosferiche ed ambientali chiedendo consiglio anche alla gente del luogo.

Equipaggiamento

Non è certo compito di una guida alle vie ferrate catalogare tutto l'equipaggiamento necessario. Per una buona riuscita dell'escursione, oltre all'attento studio delle guide e delle carte, è però essenziale anche un buon equipaggiamento, in base al motto: „Il meglio della qualità è il minimo consentito". Ne fanno parte solidi scarponi con suola di gomma sagomata - scarpe da ginnastica o calzature troppo leggere sulla maggior parte delle vie ferrate offrono più svantaggi che vantaggi (roccia scivolosa, ripidi pendii sassosi, campi innevati, ecc.). Per il vestiario esterno è permesso tutto ciò che risulta confortevole. Molto importanti sono giacca a vento e calzoni impermeabili. In situazioni estreme sono di grande vantaggio una piccozza, ramponi e una corda singola rispondente alle norme UIAA, lunga ca. 15-30 m (ulteriore sicurezza per un compagno più debole). Lo zaino dovrebbe contenere inoltre un sacco a pelo, una coperta di alluminio, una cassetta di pronto soccorso, lampada tascabile, viveri, berretto, guanti, protezione solare, coltello tascabile, carta igienica, fiammiferi, carta e penna, nonché un documento di riconoscimento.

I componenti più importanti dell'equipaggiamento – e qui non si dovrebbe scendere a compromessi – sono i seguenti rispondenti alle vigenti norme UIAA: casco, 2 moschettoni con chiusura di sicurezza automatica, imbragatura completa (pettorale e bassa), così come anche i set da ferrata, ad Y, reperibili presso i negozi specializzati. La forma a V, utilizzata precedentemente, o l'uso di diverse anelle, cordini o normali moschettoni non offrono le stesse garanzie di sicurezza.

Guanti di pelle maneggevoli o speciali guanti per l'arrampicata proteggono dalle funi metalliche danneggiate.

Legarsi e assicurarsi sulle vie ferrate

Oltre ai pericoli normali (caduta sassi, repentino cambiamento del tempo, ecc.), sulle vie ferrate esiste anche il pericolo di impianti di sicurezza difettosi. Non affidarsi mai spensieratamente a ganci, funi metalliche e scale senza averne prima controllato la robustezza e solidità. Fulmini, caduta di sassi ed il normale deterioramento possono averne compromesso la funzionalità. Mantenere la distanza di sicurezza! Tra i due punti fissi di una corda metallica dovrebbe trovarsi una sola persona. Il pericolo di essere coinvolti nella caduta della persona che precede viene così notevolmente diminuito.

L'uso corretto dell'equipaggiamento per la via ferrata è il seguente:

1. Infilarsi l'imbragatura completa (pettorale e bassa). In caso di caduta senza imbragatura è possibile lo strozzamento delle arterie con con-

seguente perdita dei sensi e morte. Per i bambini è molto importante l'imbragatura completa, cioè pettorale e bassa, perché quest'ultima impedisce loro di scivolare fuori dall'imbragatura pettorale. Il pericolo consiste nel fatto che i bambini in caso di situazioni pericolose istintivamente si aggrappano alla corda verso l'alto, diventando in questo modo più sottili.

2. L'unica forma più sicura per l'attacco dell'imbragatura completa è la cosiddetta forma ad Y. Le estremità della corda dovrebbero essere allacciate alla fune metallica, pur restando funzionante la corda utilizzata per l'assorbimento della caduta. Il modo attualmente più moderno e più semplice di attacco è quello con un anello in fettuccia cucito nel dissipatore. La fettuccia viene assicurata all'imbragatura pettorale o bassa tramite un semplice nodo strozzato, o a bocca di lupo. Il pericolo di una caduta causata dalla caduta di sassi, da disattenzione o da attrezzature difettose non può mai essere escluso a priori. Le prove di carico effettuate dal Comitato per la sicurezza dell'Associazione Alpinistica Tedesca (Deutscher Alpenverein) hanno dimostrato che solo gli speciali set da ferrata reperibili nei negozi specializzati sono in grado di resistere alle forze di caduta libera. I dissipatori attutiscono notevolmente il colpo d'arresto e possono evitare la rottura dell'assicuratore e anche delle attrezzature delle vie ferrate.
3. Assicurare ulteriormente il compagno più debole con una corda singola lunga ca. 15-30 m e con un diametro di 11 mm, rispondente alle norme UIAA.

Elenco dei Rifugi Alpini

Non ci assumiamo responsabilità alcuna per le indicazioni fornite. Prima di iniziare le escursioni informarsi a valle sul periodo di apertura dei rifugi e sulla disponibilità o meno di alloggiamento. Per gli accessi, le traversate più impegnative e le ascensioni consigliamo di consultare una guida specifica.

Troverete i numeri telefonici dei rifugi più importanti a pagina 23.

Baita la Ritonda, Rifugio, 1186 m (D 7), privato, in Val Canali presso lo sbocco della Val Pradidali. Accesso: in auto da Fiera di Primiero. Traversate: al Rif. Treviso in Val Canali, 1631 m, sentiero in ore 1 circa; al Biv. Minazio, 2250 m, sentiero in Val Pradidali, si risale la Val Pradidali volgendo poi a destra, si attraversa la sella rocciosa tra il Sasso delle Lede e la Cima Sedole, ore 4 circa; al Rif. Pradidali, 2278 m, si segue in parte l'itinerario precedente proseguendo oltre Pedemonte sino al rifugio, ore 3 circa.

Baita Segantini, 2170 m (C 3), privato, presso il Passo di Costazza. Accesso: anche in auto dal Passo Rolle. Traversate: al Rif. G. Volpi al Mulaz, 2571 m, sentiero per l'omonimo passo, 2619 m, ore 2.30; alla Malga Juribello, 1868 m, ore 1.

Bottari Lorenzo, Rifugio, 1573 m (D 2), CAI Oderzo, alla Malga Costazza in Valle di Vallés. Accesso: da Molino (Falcade), ore 1.15 circa. Traversata: al Rif. Laresei, 2250 m, si segue l'alta via dei Pastori toccando Casera Caviazza, Rif. Le Buse, si costeggia la sponda meridionale del lago di Cavia, ore 3 circa.

Boz Bruno, Rifugio, 1718 m (E 9), CAI Feltre, nell'alta Val di Neva, locale invernale sempre aperto. Accessi: dalla Val Nagaoni, in parte in auto da Mezzano, partendo dal Rif. Fonteghi, ore 2.30 circa. Traversate: ai Bivacchi Feltre e Walter Bodo, si segue l'Alta Via delle Dolomiti n. 2 (Troi dei Caserin), ore 2.30 circa.

Brunner Giorgio, Bivacco, 2667 m (C 4), CAI Trieste, alle propaggini meridionali della Cima le Zirocole. Accesso: da Canale d'Agordo fino a Garés con carrozzabile, quindi su sentiero e tratti alpinistici, ore 3.30 ca. (solo per esperti). Traversate: al Biv. Fiamme Gialle, 3005 m, attraversando il ghiacciaio di Val Strut ed il Passo del Travignolo, 2925 m, ore 1.45 (solo per esperti); al Rif. Rosetta "G. Pedrotti", 2581 m, ore 2.30 circa.

Caltena, Rifugio, 1265 m (D 9), privato, in Val Giasinozza. Accesso: carrozzabile da Transacqua per Noali e Lac Sant.

Cervino Capanna, Rifugio, 2082 m (C 3), locale privato sulla strada che collega il Passo Rolle con il Passo di Vallés. Accesso: anche in auto. Traversate: alla Malga Juribello, 45 min. circa; alla Baita Segantini, 20 min.; al Passo Rolle, 1980 m, 25 min. circa.

Cima Comelle, Capanna, 1333 m (D 3), locale privato nella porzione inferiore dell'omonima valle. Accesso: da Garés, 15 min.

Colbricon, Rifugio, 1927 m (B 4), privato, presso gli omonimi laghi. Accessi: dalla strada di Passo Rolle, all'altezza dell'omonima malga, si diparte il sentiero, 30 min. circa; dal Ristorante Malga Ces, 45 min. Traversate: al Rif. Punta Ces, ore 1.15; al Biv. Aldo Moro, 2565 m, per la Forcella Ceremana, 2428 m, ore 3.30 circa. Cime: Colbricon, 2602 m, ore 2; Cavallazza, 2324 m, ore 1.

Cozzolino Enzo, Bivacco, 1350 m (E 4), CAI Trieste, riparo alle pendici settentrionali del Monte Agner. Accesso: da Col di Prà (Taibon), ore 2.30 circa.

Feltre e Walter Bodo, Bivacchi, 1930 m (E 9), CAI di Feltre, al Pian della Regina. Accesso: da Sagron lungo l'Alta Via delle Dolomiti n. 2, ore 4 (attenzione: tratto attrezzato). Traversata: al Rif. Boz si segue l'Alta Via delle Dolomiti n. 2, ore 2.30 ca.

Fiamme Gialle, Bivacco, 3005 m (C 4), CAI Fiamme Gialle Predazzo, riparo ai fianchi sud-orientali del Cimon de la Pala. Accessi: dalla stazione a monte della seggiovia di San Martino di Castrozza, sentiero e quindi via ferrata Bolver Lugli, ore 1.45 (solo per esperti); dal Rif. Rosetta "G. Pedrotti", si segue il sentiero oltre il passo Bettega, 2667 m, ore 2.45 circa.

Guide di San Martino, Bivacco, 2996 m (D 5), Società delle Guide Alpine di San Martino di Castrozza, riparo presso la Pala di San Martino. L'accesso è consigliabile esclusivamente agli alpinisti esperti.

Jellici, Bivacco, 2675 m (B 1), riparo nei paraggi di Cima Bocche. Accessi: da Paneveggio, si segue l'itinerario per Malga Bocche e l'omonimo lago, ore 4 circa; da Malga Vallazza, 1935 m, per il lago di Juribrutto, ore 3 circa. Traversata: al Biv. Redolf, 2333 m, sentiero per i laghi di Lùsia, ore 1 circa. Cime: Cima Bocche, 2745 m, 10 min.; Cima Juribrutto, 2697 m, ore 1.

Laresei, Rifugio, 2250 m (C 1), alle pendici orientali del Monte Pradazzo. Accesso: dal Passo di Vallés, ore 1 ca.

Malga Zivertaghe, Rifugio, 1375 m (C 6), privato, non lungi da San Martino di Castrozza, sulle alture alla sinistra idrografica della Val Cismon. Accesso: anche in auto da San Martino di Castrozza. Traversata: al Rif. Velo della Madonna, sentiero per la Malga Soraronz, ore 2 circa.

Malga Juribello, 1868 m (B 3), privato, alla sinistra orografica della Val Venegia. Accesso: sentiero dal Pian dei Casoni, ore 1. Traversata: al Passo Rolle, 1980 m (alberghi e rifugi in zona), 45 min. circa.

Menegazzi Giovanni, Bivacco, 1737 m (E 6), in località Pianlonch. Accessi: da Sarasin (Sagron-Mis), ore 1.30; da Villa Sant'Andrea (Gosaldo), ore 1.30.

Minazio, Bivacco, 2230 m (D 6), CAI Padova, nel Vallon delle Lede. Accesso: dal Rif. Treviso in Val Canali, ore 2.30 circa. Traversata: al Rif. Pradidali per il Passo de le Lede, 2695 m, si segue l'Alta Via, ore 2.30 circa.

Moro Aldo, Bivacco, 2565 m (B 5), CAI Fiamme Gialle di Predazzo, ad oriente del Coston di Slavaci. Accessi: da Paneveggio, sentiero in ore 4 circa; da San Martino di Castrozza per Malga Valcigolera e Forcella Ceremana, 2428 m, ore 3.30; dal Passo Rolle, 1980 m, per il Passo Colbricon, 1908 m, e la Forcella Ceremana, ore 3.30.

Passo Cereda, Rifugio, 1361 m (DE 8), privato, nei paraggi dell'omonimo passo. Accesso: in auto da Fiera di Primiero. Traversate: al Rif. Treviso in Val Canali, si percorre a ritroso l'Alta Via delle Dolomiti n. 2 oltrepassando la Forcella d'Oltro, 2094 m, ore 4 circa; ai Bivacchi Feltre e Walter Bodo seguendo l'Alta Via delle Dolomiti n. 2, ca. ore 5.

Passo di Lùsia, Rifugio, 2055 m (A 2), privato, presso l'omonimo passo. Accesso: in auto da Moena oppure su sentiero, ore 3 circa. Traversata: al Biv. Redolf, sentiero per le Baite del Lastè, 2327 m, ore 2 circa.

Passo Vallés, Rifugio, 2033 m (C 2), privato, presso l'omonimo passo. Accesso: in auto da Falcade o da Predazzo. Traversate: al Rif. Laresei, 2250 m, sentiero per la Forcella di Pradazzo, 2220 m, ore 1 circa; al Passo San Pellegrino, proseguendo dalla Forcella di Pradazzo, ore 2; al Rifugio Volpi al Mulaz, 2571 m, ore 3.30. Cime: Monte Pradazzo, 2279 m, ore 1.15; Cima Valés o Venegia, 2305 m, ore 1.

Rosetta "Giovanni Pedrotti", Rifugio, 2581 m (CD 5), CAI-SAT Trento, nei pressi del Passo Rosetta. Accessi: con impianti di risalita da San Martino di Castrozza e con sentiero, 20 min.; sentiero da San Martino per il Col Verde (ristoro in zona), si prosegue oltre il Passo Rosetta, 2572 m, ore 3 circa; da Garés per la Val delle Comelle, ore 4. Traversate: al Biv. Fiamme Gialle, 3005 m, sentiero per il Passo Bettega, 2667 m, si risale la Valle dei Cantoni, ore 3 circa; al Rif. Pradidali, 2278 m, per i passi di Val Roda e di Ball, ore 1.30.

Pradidali, Rifugio, 2278 m (D 6), CAI di Treviso, vicino all'omonimo laghetto, locale invernale posto qualche metro più in basso. Accessi: dalla Val Canali si imbocca il sentiero che sale in Val Pradidali, ore 3 circa; da San Martino di Castrozza, sentiero in Val Roda, si tocca il Col de Bechi, ore 3.30 circa. Traversate: al Rif. Velo della Madonna, ore 2.30 (solo per esperti); al Rif. Treviso in Val Canali seguendo l'Alta Via, ore 4 circa.

Punta Ces, Rifugio, 2227 m (B 5), locale privato alle falde meridionali del Colbricon. Accesso: impianti di risalita da San Martino di Castrozza. Traversate: al Biv. Moro, sentiero per la Forcella di Ceremana, 2428 m, ore 2.30 circa; al Rif. Colbricon, 1927 m, sentiero oltre l'omonimo passo, ore 1 circa.

Reali Renato, Bivacco, 2595 m (E 5), CAI Fiamme Gialle di Predazzo, nei pressi della Forcella del Marmor. Accesso: dal Rif. Treviso in Val Canali per la ferrata Fiamme Gialle, ore 3.30 circa (solo per esperti).

Redolf Sandro, Bivacco, 2333 m (B 1), presso i laghi di Lùsia. Accessi: sentiero da Fango (Valle di San Pellegrino), ore 2.30 circa; sentiero da Paneveggio per la Malga Bocche, ore 2.30 circa. Traversate: al Rif. Passo di Lùsia, sentiero per le Baite di Lastè, 2327 m, ore 1.30 circa; al Biv. Jellici, sentiero attraverso i laghi di Lùsia, ore 1 circa.

Treviso in Val Canali, Rifugio, 1631 m (DE 6) CAI di Treviso, alle pendici occidentali della Pala del Rifugio. Accessi: dalla Malga Canali (Fiera di Primiero), ore 1; da Gosaldo per la Forcella delle Mughe, ore 3.30. Traversate: al Biv. Minazio, 2230 m, ore 1.45 circa; ai Biv. Reali, 2595 m, per la ferrata Fiamme Gialle, ore 3.15 circa (solo per esperti); al Rif. Pradidali, 2278 m, per il Passo Sedole, ore 3.30, oppure per il Passo delle Lede, 2695 m, ore 5.

Velo della Madonna, Rifugio, 2358 m (CD 6), CAI-SAT di Trento, ai piedi della Cima della Madonna, locale invernale sempre aperto. Accessi: sentiero da Malga Zivertaghe, ore 2.30 circa; da San Martino di Castrozza, sentiero in ore 3 circa. Traversata: al Rif. Pradidali, per il Portòn, ore 2.30 circa (vie ferrate, solo per esperti).

Volpi Giuseppe al Mulaz, Rifugio, 2571 m (D 3), CAI di Venezia, nei pressi del Passo Mulàz, locale invernale sempre aperto. Accessi: dalla Baita Segantini, 2170 m, sentiero in ore 2.30; da Molino (Falcade), sentiero per C.ra Focobon, 1894 m, si risale al rifugio toccando il Col dei Pedoci, 2237 m, ore 4 circa; da Garés (Canale d'Agordo), ore 4. Traversate: al Biv. Brunner seguendo in parte l'Alta Via, ore 3 circa; al Rif. Rosetta "G. Pedrotti", si segue l'Alta Via, ore 5 circa. Cima: Monte Mulaz, 2906 m, ore 1.

Troverete i numeri di telefono e di fax delle Associazioni Turistiche a pagina 23.

Confini Amministrativi/Politische Übersichtsskizze 1:180 000

Provincia di Trento
Provinz Trient

Provincia di Belluno/Provinz Belluno

Regione Trentino Alto Adige/Region Trentino-Südtirol
Provincia di Trento/Provinz Trient

Regione Veneto/Region Veneto
Provincia di Belluno/Provinz Belluno

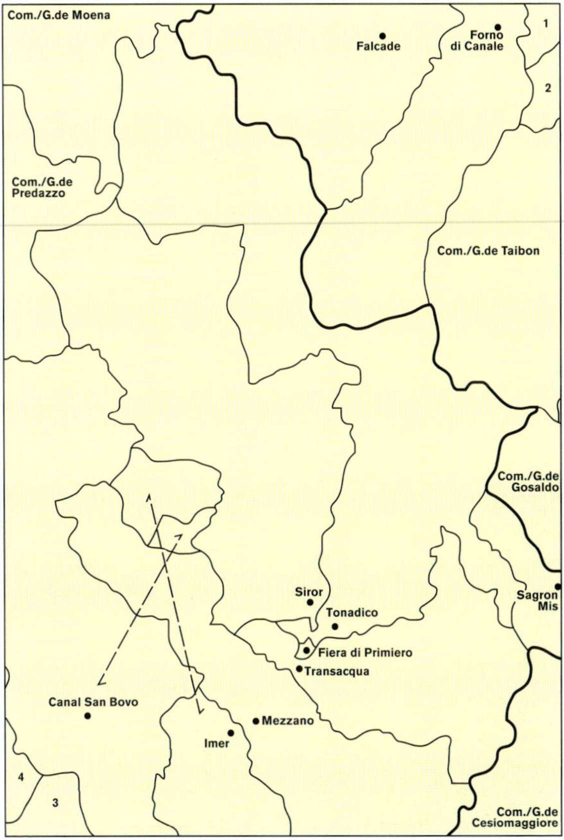

© euroedit

Provincia di Trento/Provinz Trient

Confine di comune / Gemeindegrenze

Confine di provincia / Provinzgrenze

Capoluogo di provincia / Provinzhauptort

Capoluogo di comune / Gemeindehauptort

1. Com. di Vallada G.de Vallada
2. Com. di Cencenighe G.de Cencenighe
3. Com. di Cinte Tesino G.de Cinte Tesino
4. Com. di Castello Tesino G.de Castello Tesino

Comune, Prov. di Trento, abitanti 1152, altezza s.l.m.: 757 m, CAP: 38050. **Informazioni**: Consorzio Turistico Valle del Vanoi, Ufficio di Canal San Bovo. **Stazione ferroviaria**: Feltre (29 km).

Canal San Bovo si adagia con le sue frazioni alla confluenza delle Valli Vanoi e Lozen. Il nucleo principale sorge in un verde contesto paesaggistico, sul conoide formato dal dilavamento delle acque del torrente Lozen. Centro di villeggiatura estiva ed invernale, è punto di partenza di numerose escursioni a piedi, a cavallo o in mountain-bike. Oltre alle bellezze naturalistiche e paesaggistiche, vanta una cucina legata ai sapori genuini della tradizione locale.

Curiosità del luogo e dintorni

L'**Ecomuseo del Vanoi**, presso il municipio. Il **Museo storico della Grande Guerra sul Lagorai** a Caoria. La **chiesa parrocchiale**, gravemente danneggiata dall'alluvione del 1828, venne nuovamente edificata; pregevole l'altar maggiore in forme barocche. La **chiesetta di San Silvestro** a Gobbera, è manufatto del XIV sec., mentre il campanile è posteriore (XVII sec.). Le **grotte** tra la frazione di Ronco Chiesa ed il fondovalle.

Passeggiate ed escursioni

Al lago di Calaita, 1621 m, sentiero da Zortea per la forcella di Valsorda, 2094 m, e Val Pisorno, ore 5.30. Alla forcella di Valsorda, 2094 m, sentiero da Prade per il Col delle Mede e Malga Boalòn, 1753 m, ore 4 circa. Al Monte Totoga, 1705 m, sentiero da Gobbera per Pra di Totoga Alta, ore 3 circa.

Canale d'Agordo verso la/mit dem Valle di Garès

FALCADE D 1

Comune, Prov. di Belluno abitanti: 2207, altezza s.l.m.: 1019/3054 m, CAP: 32020. **Informazioni**: Consorzio Turistico Val Biois; I.A.T. Ufficio Informazione Accoglienza Turistica. **Stazione ferroviaria**: Belluno (50 km), Bolzano (70 km). **Impianti di risalita**: funivie, seggiovie, skilift.

Sull'ampia e soleggiata piana della Val del Biois, Falcade è situata all'ideale altitudine di 1100 m, adatta a tutti, gruppi e famiglie, giovani ed anziani. Falcade è facilmente raggiungibile. Da Sud: in autostrada fino a Belluno, si prosegue poi sulla statale per Agordo (n. 203) fino al bivio di Cencenighe, dove si imbocca la statale 346 e si raggiunge dopo pochi chilometri il paese. Da Nord: uscita autostrada Egna-Ora, poi lungo la statale 346 che porta al Passo San Pellegrino.

Falcade è un importante centro turistico estivo ed invernale, incorniciata dai picchi dolomitici delle Cime d'Auta, la Marmolada, il Focobon, il Monte Civetta ed il Monte Pelmo.

L'attrezzatura ricettiva soddisfa anche il cliente più esigente: hotel, dalle quattro stelle alla pensione familiare, B&B, rifugi alpini, campeggi ed una struttura agrituristica. Ampia è anche l'offerta in appartamento, dal monolocale alla casa con sei posti letto.

In inverno si scia sul comprensorio sciistico Trevalli, gli impianti partono proprio dal centro: 100 km di piste, area attrezzata per lo snow-board, un campo scuola, 26 impianti di risalita. Per gli amanti del fondo 30 km di piste sui tre anelli che si snodano nella piana in centro al paese. E poi ancora la pista di ghiaccio naturale, la pista su strada di slittino, passeggiate con le racchette da neve. Vari negozi sportivi per il noleggio di tutta l'attrezzatura necessaria, una scuola di sci alpino, una scuola di sci di fondo. Vari locali per l'après-ski, musica dal vivo, serate country. In estate si possono esplorare i due parchi naturali che la circondano, il Parco Nazionale delle Dolomiti Bellunesi ed il Parco Naturale di Paneveggio: escursioni guidate, laboratori, centri visita; per gli sportivi campi da tennis, un campo di calcio, una pista ciclabile, tanti percorsi in mountain bike o a cavallo. Per tutti passeggiate immerse nella natura, alla riscoperta di vecchi tabià e del silenzio delle antiche frazioni che guardano Falcade dall'alto dei colli circostanti. Di notevole interesse il Museo Murer, atelier del celebre scultore falcadino, con l'esposizione di oltre cento opere tra disegni, sculture su legno, bronzi.

Passeggiate ed escursioni

Escursione al lago di Cavia, 2102 m, da Molino per l'Alta Via dei Pastori che risale a Casera Vallés basso, 1711 m, ore 3 circa. Al Passo di San Pellegrino, 1919 m, si segue in parte l'itinerario precedente; oltre il lago di Cavia ci portiamo sull'Alta Via delle Dolomiti n. 2, raggiungendo il passo in ore 4.30 complessive circa. Alla Casera di Focobon, 1894 m (punto di partenza per numerose escursioni nelle Pale di San Martino), sentiero da Molino, ore 2.30 circa. Al Passo di Vallés, 2032 m, da Molino si raggiunge la Casera di Focobon, 1894 m, da lì sull'Alta Via delle Dolomiti n. 2 fino alla meta attraverso il Passo di Focobon, 2291 m, e la Forcella Venegia, 2217 m, ore 6 circa.

FIERA DI PRIMIERO C 8

Comune, Prov. di Trento abitanti: 528, altezza s.l.m.: 710 m, CAP: 38054. **Informazioni**: Azienda Promozione Turistica San Martino di Castrozza e Primiero, Ufficio di Fiera di Primiero. **Stazione ferroviaria**: Feltre (32 km).

Fiera di Primiero sorge alla confluenza dei torrenti Cismon e Canali, di fronte all'imponente massiccio dolomitico delle Pale di San Martino. Per la sua ottimale posizione geografica, è ideale base di partenza per escursioni e gite in un invidiabile contesto montano. Stazione di soggiorno in ogni periodo dell'anno, offre d'inverno svariate possibilità di svago collegate agli sport della neve nella vicina San Martino di Castrozza. Fiera di Primiero è il centro amministrativo della valle; fiorente nucleo commerciale, venne costituendosi attorno al XV sec. al tempo di una forte immigrazione di minatori tedeschi. In età medievale la località fece parte di una Comunità assoggettata al vescovado feltrino l'odierna Fiera di Primiero sorse in quegli anni dal nucleo ove si svolgevano i mercati e le contrattazioni. Nel XIV sec. la vallata fu infeudata ai Welsperg che amministreranno i luoghi fino ai primi anni del XIX secolo. Notevole importanza rivesti l'attività mineraria che sfruttò lungamente le miniere di rame e d'argento. Dopo la ribellione al dominio franco-bavarese venne inglobata nel Dipartimento del Piave ad opera del Bonaparte. Tornata nuovamente sotto il dominio asburgico, venne definitivamente assegnata all'Italia al termine del primo conflitto mondiale (1918). A Fiera di Primiero ebbe i natali quel Luigi Negrelli che fu l'ideatore e il progettista del taglio dell'istmo di Suez e progettista di svariate ferrovie in Europa. Nel novembre 1966 anche Fiera di Primiero patì notevoli danni in conseguenza delle disastrose alluvioni che in quell'autunno colpirono gravemente un po' tutta la penisola italiana.

Rifugio Rosetta "Giovanni Pedrotti", 2581 m

Curiosità del luogo e dintorni

Il **Palazzo del Dazio o delle Miniere** (sec. XVI). La **Chiesetta di San Martino**, edificio romanico del 1000. La **Chiesa arcipretale di Santa Maria Assunta** (XV sec.), l'interno racchiude interessanti opere d'arte; recenti scavi archeologici hanno messo in luce le fondamenta di una basilica paleocristina risalente al V-VI sec. Il **Palazzo Welsperg** nella centrale piazza Negrelli. Il **monumento a Luigi Negrelli**.

Passeggiate ed escursioni

Ai numerosi rifugi della zona, vedi sotto i rispettivi. Al lago di Calaita, 1621 m, sentiero per Bedolè, 1792 m, si tocca il capitello di Sant'Antonio, si risale al lago in Val Lozen, ore 5 circa. All'Alpe Vederna, 1400 m, da Imer per splendida strada selciata, ore 1.30 ca.

IMER C 9

Comune, Prov. di Trento, abitanti: 1152, altezza s.l.m.: 670 m, CAP: 38050. **Informazioni**: Azienda Promozione Turistica San Martino di Castrozza e Primiero, Ufficio di Imer (stagionale). **Stazione ferroviaria**: Feltre (28 km).

L'abitato di Imer è adagiato nel piano del Primiero, ai due lati della strada situata alla destra idrografica del torrente Cismon. La località è dominata da sud dal complesso delle Vette Feltrine, a nord-ovest si stagliano i rilievi della Cima Folga e della Grugola, mentre a nord-est spiccano le dolomitiche vette del Gruppo delle Pale di San Martino. Località di soggiorno, conta qualche industria a livello artigianale. Già confine storico tra Italia ed Austria, pare essere tra i più antichi insediamenti umani nella valle del Primiero.

Curiosità del luogo e dintorni

La **Parrocchiale dei Santi Pietro e Paolo** (XVII sec.) è situata nella parte più antica del paese; venne ristrutturata nel 1122 ed ospita interessanti affreschi e dipinti. Il **bacino artificiale in Val Noana**, sorto dallo sbarramento dell'omonimo torrente.

Passeggiate ed escursioni

All'Alpe Vederna, 1400 m, da Imer per splendida strada selciata, ore 1.30 ca. Alla Cappella di Sant'Antonio, 1513 m, escursione per Casiei, Segnana, ore 3 circa.

MEZZANO C 9

Comune, Prov. di Trento, abitanti: 1670, altezza s.l.m.: 640 m, CAP: 38050. **Informazioni**: Azienda Promozione Turistica San Martino di Castrozza e Primiero, Ufficio di Mezzano (stagionale). **Stazione ferroviaria**: Feltre (29 km).

L'abitato di Mezzano è posto nei pressi di un allargamento del fondovalle, a monte della confluenza del Noana nei Cismon. Centro artigianale con qualche industria, è particolarmente frequentato durante la stagione estiva allorché accoglie nuclei di villeggianti. Sotto il profilo della struttura urbana il paese ha mantenuto intatte molte caratteristiche della tipica edilizia primierotta ed ancora oggi, malgrado i danni inferti dall'alluvione del 1966, è possibile ammirare alcuni antichi edifici ben conservati.

Curiosità del luogo e dintorni

La **Parrocchiale di San Giorgio** (XVII sec.) annovera interessanti dipinti ed affreschi di un autore locale. La **casa De Zorzi**, la **casa dei Tolèri**, tipici edifici del luogo.

Passeggiate ed escursioni

Escursione circolare: da Mezzano si attraversa il ponte sul Cismon e si volge a destra risalendo per il bosco Tasedi, si tocca la Chiesa di San Giovanni, 1175 m, si passa per Poit, 1183 m, si ritorna scendendo per Rines, Pra Long, Coppera, ore 4 circa. Al lago di Calaita, 1621 m, si segue il sentiero in direzione di Pradet, si risale la valle del rio San Pietro, si passa per la Cappella di Sant'Antonio, 1512 m (bel panorama verso le Pale di San Martino), si raggiunge la strada che, in Val Lozen, prosegue per il lago, ore 4/5 complessive circa.

SAGRON-MIS E 7-8

Comune, Prov. di Trento, abitanti: 207, altezza s.l.m.: 730/2486 m, CAP: 38050. **Informazioni**: Municipio di Sagron-Mis. **Stazione ferroviaria**: Feltre (48 km).

Il comune sparso di Sagron-Mis si estende, con le sue frazioni, lungo il bacino idrografico del torrente Mis, alle falde orientali delle bastionate pareti del Gruppo delle Pale.

Pur facendo parte, amministrativamente, della Provincia di Trento, la località, situata oltre il Passo Cereda, è geograficamente gravitante verso il bellunese e fa parte del bacino idrografico del Cordevole. L'economia locale sfruttò in passato alcuni giacimenti minerari in Val California. All'esaurirsi dei minerali, con il cessare dell'attività estrattiva gli abitanti del luogo, costretti ad una massiccia emigrazione, hanno cercato di impiantare un'economia artigianale. Al giorno d'oggi si punta molto sullo sfruttamento turistico del luogo grazie anche allo sviluppo delle infrastrutture turistiche del vicino Passo Cereda.

Passeggiate ed escursioni

Al Bivacco Giovanni Menegazzi, 1737 m, in località Pianlonch, da Sarasin, ore 1.30. Di lì in alta Val Canali (nei paraggi il Rif. Treviso in Val Canali) per sentiero attraverso la forcella delle Mughe, 2244 m, ore 5 circa.

SAN MARTINO DI CASTROZZA C 5

Frazione del Comune di Siror, Prov. di Trento, abitanti: 472, altezza s.l.m.: 1466 m, CAP: 38058. **Informazioni**: Azienda Promozione Turistica San Martino di Castrozza e Primiero, Ufficio di San Martino di Castrozza. **Stazione ferroviaria**: Feltre (48 km). **Impianti di risalita**: telecabine, funivia, seggiovie, skilift.

Località di soggiorno in ogni stagione dell'anno e stazione sportiva invernale di prima grandezza, San Martino di Castrozza è indubbiamente una delle perle dell'arco alpino orientale, godendo notevole risonanza a livello internazionale. La cittadina alpina, situata nell'alta valle del torrente Cismon, si estende lungo la strada del Passo Rolle ed è contornata da uno scenario montuoso di incomparabile bellezza che culmina nelle dolomitiche guglie del Gruppo delle Pale. San Martino di Castrozza è posto nel cuore del Parco Naturale di Paneveggio-Pale di San Martino e costituisce un'ideale base di partenza per escursioni nel vasto territorio protetto ricco di un'avifauna particolarmente interessante. La località, paradiso di escursionisti, rocciatori ed alpinisti è in grado di offrire proposte per escursioni a tutti i livelli di impegno e difficoltà. Splendida base di partenza per gite e traversate nel Gruppo delle Pale, annovera una struttura ricettiva e di appoggio di ragguardevole livello. Alberghi, pensioni, hotel e rifugi, unitamente ad una buona dovizia di impianti di risalita, assicurano all'ospite un soggiorno ideale in un qualificato e salubre ambiente alpino.

Le origini del luogo sembrano seguire le vicende di un monastero camaldolese dedicato ai Santi Martino e Giuliano. Nel XIX secolo, grazie alla scoperta degli alpinisti inglesi, San Martino ed il Gruppo delle Pale acquisiscono dignità turistica a livello internazionale. Con la crescita del movimento turistico si assiste alla parallela crescita del luogo, sorgono nuovi alberghi e nuove infrastrutture mentre San Martino delinea sempre più la sua fisionomia per la quale oggi è stimata ed apprezzata.

San Martino di Castrozza, chiesa/Kirchturm

Curiosità del luogo e dintorni

La **Chiesa Parrocchiale**, venne ristrutturata agli inizi del XX secolo, presenta un elegante campanile in stile romanico del 1200 circa.

Passeggiate ed escursioni

Alla Malga Valcigolera, 1897 m, si segue l'itinerario nell'omonima valle, ore 1.45 circa. Al Passo del Colbricon, 1908 m (nei paraggi il lago ed il rifugio omonimo), si segue il sentiero in Val Bonetta, ore 2 circa. Al Col Verde (stazione a monte dell'impianto di risalita), sentiero in ore 1.45 circa. Escursione circolare: si segue il sentiero per la Val di Roda che si risale fino alle rovine del Col de Bechi, 2048 m, si gira attorno alla Pala di San Martino toccando il Rif. Pradidali, 2278 m, si volge verso l'omonimo passo, 2658 m, si prosegue verso il Passo di Val di Roda, 2580 m, si torna al punto di partenza per il sentiero in Val di Roda o con impianti di risalita, ore 8/10 complessive circa (possibilità di sosta nei rifugi). Escursione circolare: dalla località Fratazza si attraversa il bosco di Tegnazza raggiungendo i resti dell'omonima malga, 1525 m, si risale a Malga Scanaiol (rov.), 1745 m, si prosegue per l'omonima forcella, 2093 m, e, girando attorno alla Cima Tegnazza si percorre la Val Tognola rientrando a San Martino per la Malga Tognola di Siror, 1988 m, ore 6/7 circa. Traversata a Garés, nell'omonima valle, si risale al Col Verde proseguendo per il Passo di Rosetta, 2572 m, si percorre la Val delle Comelle e l'omonimo sentiero, ore 7 circa.

SIROR C 8

Comune, Prov. di Trento, abitanti: 1243, altezza s.l.m.: 765 m, CAP: 38054. **Informazioni**: Azienda Promozione Turistica San Martino di Castrozza e Primiero, Ufficio di Siror (stagionale). **Stazione ferroviaria**: Feltre (34 km).

Il paese primierotto di Siror sorge alla sinistra idrografica del Cismon, a monte della confluenza del torrente Canali. L'abitato, sovrastato dagli arditi picchi del Sass Maor, conserva tipologie edilizie locali di un certo interesse. Apprezzata stazione di villeggiatura, è buona base di partenza per escursioni sul versante sud del Gruppo delle Pale. Del comune di Siror fa parte l'importantissima stazione alpina di San Martino di Castrozza.

Curiosità del luogo e dintorni

La **Chiesa di Sant'Andrea**, parrocchiale del XIII sec., sorse verosimilmente dove un tempo si trovavano già edifici di culto. Racchiude un interessante affresco. La **Chiesetta di San Giacomo** sul luogo di un antico insediamento rovinato dal terremoto (XII sec.).

Passeggiate ed escursioni

Al Bedolè, 1792 m, sentiero in Val Serena, si volge quindi a sinistra risalendo poi, verso destra, alla cima, ore 3 circa.

Fiera di Primiero

TONADICO CD 8

Comune, Prov. di Trento, abitanti: 1423, altezza s.l.m.: 750 m, CAP: 38054. **Informazioni**: Municipio di Tonadico. **Stazione ferroviaria**: Feltre (33 km).

L'antico borgo di Tonadico è situato su di un conoide, allo sbocco della Val Canali, alla destra idrografica dell'omonimo torrente. Tranquilla località di soggiorno, offre un invidiabile territorio agli escursionisti ed agli appassionati della montagna. All'economia turistica si affiancano le tradizionali attività rurali del Primiero. Tonadico, considerato fra i più antichi insediamenti del luogo, seguì in epoca storica le vicende legate al Castelpietra che gravitò dapprima attorno al vescovado feltrino per passare poi ai Welsperg, potenti feudatari del luogo.

Curiosità del luogo e dintorni

Le **rovine del Castelpietra**, già sede del capitanato dipendente dal vescovado feltrino (XI sec.). Distrutto nella seconda metà del XVII sec., si tentò di ricostruirlo per interessamento dei Welsperg. Nella seconda metà del XIX secolo un'alluvione ne completava la distruzione pressoché totale. Il **Palazzo Scopoli** già sede della Comunità primierotta. La **Chiesa di San Vittore** (XIV sec.) realizzata in stile romanico. La **Parrocchiale di San Sebastiano** (XVII sec.), interessanti dipinti all'interno. Gran parte del territorio del comune ricade nel perimetro del **Parco di Paneveggio-Pale di San Martino**, con la sede stessa posta presso **Villa Welsperg** in Val Canali.

Passeggiate ed escursioni

Al laghetto Welsperg toccando le rovine di Castelpietra, 45 min. circa. Al Cimerlo, 2505 m, per Piereni, Prato Cimerlo, si attraversa l'omonimo bosco e si risale lungo la ferrata Buzzati, ore 4-5 (solo per esperti). A San Martino di Castrozza, 1466 m, per Polina, Dagnoli, Prati Ronz, si attraversa la Val di Roda, ore 5 circa.

TRANSACQUA CD 8

Comune, Prov. di Trento, abitanti: 1886, altezza s.l.m.: 746, m CAP: 38054. **Informazioni**: Municipio di Transacqua. **Stazione ferroviaria**: Feltre (33 km).

Transacqua con le frazioni di Ormanico e Pieve, gli agglomerati urbani di Fol, Forno e Isola Bella, è il comune più popolato del Primiero. Disposta a ventaglio su di un ampio declivio solatio, degradante fino alla costa alluvionale, che scoscende subito sulla piana torrentizia guadagnata alle acque, costrette entro i solidi argini del torrente Canali prima e quindi dell'immissario Cismon, forma un unico contesto turistico con la vicina Fiera. Un tempo prevalentemente ad economia rurale, evidenzia oggi il massimo impulso edilizio in funzione turistica, sopperendo alle tramontate attività di un tempo (piccole industrie, fabbriche, artigianato) con una notevole potenzialità ricettiva estiva ed invernale. Abbastanza conservata nella sua fisionomia primierotta, della quale sono testimonianza alcuni edifici della tradizione, specie la pittoresca frazione di Pieve, annovera alcuni dei più celebri nomi dell'alpinismo.

Curiosità del luogo e dintorni

La **Parrocchiale**, edificio della seconda metà del XIX secolo, è stata ingrandita a più riprese. Recente è la sua intitolazione a San Marco (1970). Notevoli i dipinti di scuola veneta racchiusi all'interno.

Passeggiate ed escursioni

Al Cimon di Fradusta, 1867 m, si risale la Vall'Uneda volgendo poi a destra, ore 4 circa. Escursione circolare: si risale la Vall'Uneda, si passa sotto il Col Spiz, 1553 m, si raggiunge la Malga Fossetta, si risale oltrepassando la cresta rocciosa del Palughet e si scende in Val Giasinozza, ore 7/8 complessive circa.

Segnale di soccorso alpino: dare **per sei volte** in un minuto, a intervalli regolari, un segno visibile o udibile, poi fare una pausa di un minuto. Si ripete finché non si riceve risposta.

Risposta: entro un minuto viene dato **per tre volte**, a intervalli regolari, un segno visibile o udibile.

Elenco dei numeri telefonici dei più importanti alberghi alpini e rifugi

Baita La Ritonda, Rifugio/Hütte: 0439 762 223
Baita Segantini: 043 968 251
Bottari, Rifugio/Hütte: 0437 599 200
Boz, Rifugio/Hütte: 043 964 448
Caltena, Rifugio/Hütte: 043 962 879
Capanna Cervino, Rifugio/Hütte: 0439 769 095
Cima Comelle, Capanna: 0437 590 896
Colbricon, Rifugio/Hütte: 3487 952 430
Laresei, Rifugio/Hütte: 0437 599 000
Passo Cereda, Rifugio/Hütte: 043 965 118
Passo di Lùsia, Rifugio/Hütte: 0462 573 101
Passo Vallés, Rifugio/Hütte: 0437 599 460
Pradidali, Rifugio/Hütte: 043 964 180
Rosetta "Pedrotti", Rifugio/Hütte: 043 968 308
Treviso in Val Canali, Rifugio/Hütte: 043 962 311
Velo della Madonna, Rifugio/Hütte: 0439 768 731
Volpi Giuseppe al Mulaz, Rifugio/Hütte: 0437 599 420

Elenco delle Associazioni turistiche

	Tel.	Fax
Canal San Bovo	0439 719 041	0439 719 041
Falcade Cons. Tur. Val Biois	0437 599 068	0437 599 075
Falcade I.A.T.	0437 599 241	0437 599 242
Fiera di Primiero	043 962 407	043 962 992
Imer	043 967 023	
Mezzano	043 967 032	
Sagron-Mis	043 965 009	
San Martino di Castrozza	0439 768 867	0439 768 814
Siror	0439 762 124	
Tonadico	043 962 405	
Transacqua	0439 762 097	

Informazioni non garantite!

Die KOMPASS-Wanderkarte 1:25 000, Blatt Nr. 622 " Pale di San Martino - Fiera di Primiero - Paneveggio - Vanoi" zeigt uns einen sehr interessanten Gebietsabschnitt, in dem sich einige der bezeichnendsten Dolomitenregionen befinden. Das beeindruckende Gebirgsmassiv der Pale di San Martino lässt alle anderen Berggruppen in den Hintergrund treten, wenn auch die Lagorai-Kette und die Cimonega-Gruppe für Kletter- und Wanderfreunde in keiner Weise zweitrangig sind. Entlang der Wasserscheide der Pale di San Martino und des Cimonega verläuft auch die Grenze zwischen den Regionen Trentino/Südtirol und Venetien. Unser Gebietsabschnitt befindet sich teils in der Provinz Trient, teils in der Provinz Belluno.

Der Großteil der in der Karte dargestellten Oberfläche wird von Gebirgsgruppen und -ketten eingenommen; voneinander getrennt werden sie von weitverzweigten Flusssystemen und Gebirgsbächen, die zum Teil Sturzbach-Charakter besitzen, d.h. nur zeitweise wasserführend sind. Der bedeutendste dieser Abflüsse ist der Torrente Cismon, der im obersten Abschnitt des gleichnamigen Tales durch den Zusammenfluss kleinerer Seitenbäche in der Nähe von San Martino di Castrozza entspringt. Der Torrente Vanoi entspringt im Val Cia, durchquert das Val Cortella und mündet schließlich in den Torrente Cismon. Letzterer ist der größte Zufluss der Brenta, mit einem Einzugsgebiet von rund 633 km^2. Diese Fläche entspricht in etwa der Ausdehnung der Trentiner Gemeinden von Canal San Bovo, Mezzano, Imer, Primiero, und der vier Belluneser Gemeinden von Arsiè, Fonzaso, Lamon und Sovramonte. Die Gemeinde Primiero reicht bis in das Travignolo-Becken; der gleichnamige Bach mündet in den Avisio; nicht weit davon liegt der künstlich angelegte, aber idyllische Paneveggio-See.

Sehr zahlreich sind nicht nur die zum Teil bereits genannten künstlichen Seen, sondern auch die malerischen Gebirgsseen, so zum Beispiel der Calaita-See im Cismon-Tal, der Plank-See bei San Martino di Castrozza, die Bergseen von Colbricon und Cavallazza, jene von Juribrutto und von Lùsia, und schließlich die Seen von Pradidali und Manna in der Pale di San Martino-Gruppe. Dort befinden sich auch einige kleine Gletscher; die bedeutendsten davon sind der Fradusta-, der Travignolo-, der Zirocole- und der Focobongletscher.

Im dargestellten Gebietsabschnitt sind bedeutende Fremdenverkehrszentren zu finden, in denen sowohl im Sommer als auch im Winter reges Treiben herrscht; überall ermöglichen moderne Bergbahnen die Ausübung der verschiedensten Wintersportarten. Weitum bekannt ist San Martino di Castrozza, aber auch Falcade und die anderen Ortschaften im Agordino, Fiera di Primiero, Mezzano, Imer und Canal San Bovo sind beliebte Urlaubsorte. Eine besondere Attraktion für wanderfreudige Bergliebhaber ist der Dolomiten-Höhenweg Nr. 2, den wir in seinem Abschnitt von Forcella di Pradazzo zur Schutzhütte Bruno Boz begehen können.

Über ein verzweigtes und relativ dichtes Straßennetz kann man die Dolomiten, und in erster Linie die Pale di San Martino, von verschiedenen Gebieten aus erreichen: von Norden (Cortina d'Ampezzo, Corvara in Badia)

◀ *Cimon della Pala, 3184 m, mit der/con la Baita Segantini* über den Campolongo-Pass, 1875 m, den Valparole-Pass, 2192 m, den Falzarego-Pass, 2105 m, bis nach Cencenighe Agordino. Die Staatsstraße 347 verbindet Fiera di Primiero mit dem Agordino, dem Zoldo- und Ampezzanertal. Im nördlichen Kartenabschnitt verläuft die Staatsstraße 346, die Moena mit dem Biois-Tal und dem oberen Cordevole-Tal verbindet. Die Staatsstraße 50 folgt dem Cismon-Tal und verbindet Belluno, über den Rolle-Pass, 1980 m, mit Predazzo.

Auf der Karte kann man auch den Naturpark von Paneveggio-Pale di San Martino und einen kleinen Teil des Naturparks Dolomiti Bellunesi erkennen.

Pale di San Martino

Wenn man auf einer Wanderkarte des Dolomitengebietes vier Punkte, den ersten am Vallés-Pass, den zweiten in Cencenighe, den dritten in Agordo und den vierten in Fiera di Primiero, einträgt, und diese Punkte dann zu einem unregelmäßigen Rechteck verbindet, so erhält man den Rahmen für das ausgedehnte Gebiet, in dem sich die Pale di San Martino befinden.

Das Gebirgsmassiv wird von Tälern umschlossen: vom Val Biois im Norden, vom Val Cordevole im Osten, dem Cereda-Bach im Süden, im Westen von der Verbindungslinie zwischen dem Rolle-Pass und dem Vallés-Pass. Die ringförmige Pala-Gruppe ist ein zirka 240 Quadratkilometer großes Felsmassiv, das von Kennern als das schönste und das vielfältigste im gesamten Dolomitengebiet bezeichnet wird. Schon der Name "Pale oder Pala" (ruderförmiger Kamm) weist uns auf ein sagenumwobenes Reich mit Steintürmen und verschiedenen Felsformationen hin. Nicht ohne Grund wird der Cimon della Pala, 3184 m, als "Matterhorn" der Dolomiten bezeichnet; die Cima del Velo, 2480 m, oder die Cima della Madonna, 2752 m, erinnern an die Märchenwelt unserer Kindheit. Die Klettersteige auf die Cima della Madonna gelten als die faszinierendsten in den Kalkalpen.

Seit jeher wird die Pala-Gruppe in fünf Abschnitte unterteilt: in die Pale di San Lucano, in die nördliche Kette, in die Kette von San Martino, in das Zentralmassiv und in die südliche Kette. Die Kette von San Martino beginnt am Travignolo-Pass, der sie auch von der südlichen Kette trennt, und verläuft in Nord-Süd-Richtung, wobei der beeindruckende Cimon della Pala sogleich die erste große Erhebung bildet. Zu den "Untergruppen" der San Martino-Kette gehören die Cimone-, die Rosetta-, die Cima di Val di Roda- und die Sass Maor-Gruppe. Das zentrale Massiv kann man keinesfalls als Kette bezeichnen; es handelt sich vielmehr um eine unüberschaubare Häufung von Berggipfeln, die sich in verschiedene Richtungen teilen. Dieses Gebiet, vom Passo di Canali dem oberen Pradidali-Tal bis zum Passo Pradidali Basso, mit den eng ineinander verzahnten Gipfeln, wird in die Fradusta- und in die Cima Canali-Gruppe unterteilt.

In diesem Hochgebirgsraum liegen auch einige Gletscher, zum Beispiel der Fradusta- und der Travignolo-Gletscher, der Val di Strut- und der Focobon-Gletscher. Nicht weniger eindrucksvoll sind die riesigen Felsformationen im Westen und im Süden der Hochfläche, wo sich die Respekt einflößenden Felstürme der Pala di San Martino, 2982 m, der Cima Canali, 2900 m, und der Cima di Fradusta, 2939 m, erheben. Die südöstliche Kette, die durch die Täler Valle d'Angheraz, Valle di San Lucano und Valle dei Canali vom zentralen Massiv getrennt wird, ist nicht so bekannt, aber von einer so außerordentlich wilden Schönheit, dass sie mit ihren hohen Wänden und tiefen Schluchten, spitzen Pfeilern und scharten Graten für Alpinisten viel anziehender wirkt als der Kern der Pale. Jeder erfahrene Wanderer und Kletterer findet zahlreiche Möglichkeiten für eindrucksvolle Rundwanderungen und für anspruchsvolle Klettersteige vor. Die alpinistische Erschließung der Pala-Gruppe erfolgte bereits in der zweiten Hälfte des 19. Jh., als britische Alpinisten die erste Durchquerung und Besteigung dieses Dolomitenabschnittes durchführten. Die berühmtesten Alpinisten der damaligen Zeit, Ball und Stephen, verbreiteten durch ihre Erstbesieigungen die alpinistischen Besonderheiten der Pale und machten sie dadurch zu einem berühmten tourisüschen Anziehungspunkt. Zahlreiche Klettersteige, so die Via Ferrata Bolver-Lugli, die Ferrata del Porton, der Sentiero Cacciatore und viele andere, in erster Linie aber der Dolomiten Höhenweg Nr. 2, bieten unvergeßliche Ausblicke in diese kunstvolle, natürlich geschaffene Skulptur.

Die Untergruppe des Cimonega

Die einheitliche Dolomitengruppe des Cimonega liegt im Süden der Pale-Gruppe, von welcher sie durch den Passo Cereda und die Straße, welche die Gebiete von Primiero und Agordino verbindet, getrennt wird. Es ist ein für Bergsteiger sehr interessantes Gebiet; es kann leicht von Primiero im Allgemeinen oder von der feltrinischen Seite aus erreicht werden. Unter den wichtigsten Gipfeln sind zu nennen: Piz di Sagron, 2486 m, Sass de Mura, 2547 m, und Monte Pizzoc, 2440 m.

Der Naturpark Paneveggio-Pale di San Martino

Diese wichtige Einrichtung zum Schutze eines der einmaligsten Ökosysteme des Trentino wurde von der Autonomen Provinz Trient geschaffen, welcher die Führung und Verwaltung obliegt und die mit der staatlichen Forstverwaltung zusammenarbeitet. Der Park mit einer Oberfläche von 125 km2 ist zur Gänze auf der vorliegenden Karte abgebildet. Um die Schutzmaßnahmen und die Verwaltung des Gebietes auch in wirtschaftlicher Hinsicht besser in den Griff zu bekommen, wie zum Beispiel Forstwirtschaft und Viehzucht, wurde der Park 1987 in Gebiete unterteilt, die wie folgt klassifiziert wurden: ,,vollständiges Schutzgebiet" 33% des Parkgebietes, ,,gesteuertes Schutzgebiet" 60% des Parkgebietes und ,,überwachtes Schutzgebiet" 7% des Parkgebietes. Als gesteuertes Schutzgebiet nennen wir den Forst von Paneveggio; er wurde bereits von den Schiffbauern der Serenissima genutzt und liefert noch heute ein geschätztes und gutes Holz, welches sogar zum Bau von feinen Musikinstrumenten verwendet wird. Das Waldgebiet war zuerst im Besitz der Grafen von Tirol, kam dann in die Hände der Habsburger, um schließlich am Ende des Ersten Weltkrieges an Italien zu fallen. Die verschiedenen und vielfältigen Zugangsmöglichkeiten nach Paneveggio werden durch ein umfangreiches Wegenetz gewährleistet, das über die zahlreichen, das Gebiet umgebenden Pässe, führt. Das Parkgebiet liegt inmitten einer unvergleichlich schönen Landschaft und bietet Ausblicke auf die spitzen Türme der Pale di San Martino, auf die Spitzen der Lagorai-Kette und auf das imposante Marmolada-Massiv. Reich und interessant ist die Vogelwelt, die unter anderem Alpenschneehühner, Auerhähne und Birkhühner aufweist; umfangreich sind auch die Bestände an Hirschen, Gämsen, Rehen, Murmeltieren, Eichhörnchen, Mardern und Dachsen. Der Fuchs ist noch anzutreffen, während Bären und Wölfe durch die unerbittliche Jagd des Menschen ausgestorben sind. Der Fischbestand wird in erster Linie vom Saibling und von der Forelle gebildet. Die Flora weist neben den verschiedenen Baumarten (Tannen, Lärchen, Fichten, Zirben) auch die bedeutendsten Alpenblumen auf

Cima della Vezzana, 3192 m und/e Cimon della Pala, 3184 m

(Frauenschuh, Feuerlilie, Glockenblume und Margerite). In Paneveggio befindet sich ein Auskunftsbüro für die Besucher des Parks, welches Informationen jeder Art erteilt.

Nationalpark der Belluneser Dolomiten

Der Park wurde 1990 gegründet und erstreckt sich auf eine Oberfläche von ca. 29.000 Ha, die zur Provinz Belluno gehören und die die Gebirgsgruppen der Alpi Feltrine und des Cimonega, das Felsmassiv des Pizzocco, die Berge „Monti del Sole-Feruch", die Schiara-Gruppe bis hin zum Monte Talvena und zur Cima Pramper, miteinbeziehen. Die 17.000 Ha Naturgebiete, die auf diesem Gebiet in den Siebzigerjahren von der staatlichen Forstverwaltung geschaffen wurden, sind zur Gänze in den Nationalpark eingefangen worden, wobei sie teilweise ihre Identität beibehalten haben. Innerhalb des Parks wurden je nach dem Grad der natürlichen Belassenheit Zonen gebildet, für die verschiedene Eingriffsarten festgelegt wurden. Die Einteilung geht von Gebieten absoluten Schutzes bis zu solchen in denen land-, forst- und weidewirtschaftliche Tätigkeiten gestattet sind. Äußerst reich und unterschiedlich ist die hier anzutreffende Flora mit Tannen-, Buchen-, Linden- und Ahornwäldern. Von bedeutendem Interesse ist wegen ihrer Einzigartigkeit die Hochgebirgsflora, die Felsbänder und Geröllhalden besiedelt. Trotz der intensiv betriebenen Jagd im 19. Jahrhundert, die die großen Raubtiere (Wolf, Wildkatze, Bär, Luchs) und den Steinbock zum Aussterben gebracht hat, ist die Fauna heute mit Hirsch- und Rehwild, Gämsen, Mufflons (die in den ersten Siebzigerjahren mit wenig Bedacht angesiedelt wurden), Eichhörnchen, Dachse, Marder und Mauswiesel, gut vertreten. Aufzuzeigen ist vor allem das Wiederauftauchen des Luchses nach mehr als zwei Jahrhunderten; sehr wahrscheinlich ist er von der Lagoraikette übergewechselt. Unter den Vögeln gibt es ebenso interessante Arten wie z.B. Königsadler, Kauz, Specht, Wiedehopf, Sperber, Habicht, Waldkauz und Stieglitz.

Siedlungsgeschichte

Dieser kurze Auszug aus der Siedlungsgeschichte soll auf das Gebiet um Primiero beschränkt bleiben weil es als einziges in der Karte vollständig abgebildet ist und weil es einen zentralen Erholungsraum darstellt. Archäologische Ausgrabungen im Colbricon-Gebiet (San Martino di Castrozza) bestätigen, dass das Gebiet bereits im Mesolithikum bewohnt war. Es handelte sich dabei vermutlich um Jäger, die ihre Werkzeuge und Jagdwatten lange Zeit aus Stein anfertigten. Vor der römischen Kolonisation gab es im Feltriner Gebiet wahrscheinlich rätische Siedlungen; Spuren aus dieser Epoche sind die alten Wallburgen. Die Romanisierung des Gebietes erfolgte durch die Feldzüge von Drusus; das römische Reich wurde erweitert, die Räter vertrieb man, denn man wollte wichtige strategische Verbindungslinien nach Norden sichern. Aber die Bevölkerung leistete erbittert Widerstand, und die römischen Legionen kämpften lange gegen die Räter, die Cadoriner, die Agordiner und die Fleimstaler. Dieses abgelegene Berggebiet dürfte damals kaum mit dem politischen und wirtschaftlichen Leben im Trentino und in Venetien verbunden gewesen sein. Dennoch dürften die ebenen und fruchtbaren Gebiete von Fonzaso, Lamon und Arsiè gleichzeitig mit der Gründung von Feltre durch Euganer oder durch Veneter besiedelt worden sein. Einer Legende nach soll sich eine Gruppe von Venetern - auf der Flucht vor der "Geisel Gottes" Attila - im Primiero-Tal versteckt haben; sie gründeten angeblich die Stadt Fiera di Primiero. Um 570 vereinte der Langobardenkönig Alboin die Gebiete von Primiero und Feltre; diese Einheit blieb über achthundert Jahre bestehen.

Im Mittelalter, während der Auseinandersetzungen zwischen Kaiser- und Papsttum, schuf sich die Bevölkerung von Primiero eine weitreichende Selbstverwaltung, die man sich schriftlich in der "Comunità" bestätigen ließ. Das Gebiet war in vier "columnelli" unterteilt (Viertel): Tonadico, Transacqua, Mezzano, Imer. Die Anerkennung dieser eigenständigen Verwaltung, Ausdruck der bergbäuerlichen Arbeitswelt, erfolgte durch die Statuten des Bischofs von Feltre im Jahre 1273. Nach den Feltriner Fürstbischöfen herrschten verschiedene Signorien (zum Beispiel Ezzelino da Romano) über das Gebiet; aber alle sicherten den Bewohnern von Primiero noch mehr Freiheiten zu. Wahrscheinlich deshalb, weil man um 1300 in den Bergen um Primiero ergiebige Erzadern gefunden hatte, die der Stadt Reichtum und Einfluss bescherten. In dieser Blütezeit versuchten die Bürger von Primiero ihre Besitzungen auf Almen und Weiden jenseits der Wasserscheide zwischen dem Cismon-Becken und dem Avisio, auf das Travignolo-Tal, auszuweiten, das aber zur Comunità von Fiemme gehörte. Die Auseinandersetzungen dauerten von 1313 bis in die Mitte des 14. Jahrhunderts.

Die Trennung Primieros von Feltre erfolgte im Jahre 1386, als die Erzherzöge von Österreich Feltre und das Valsuganatal an Francesco von Carrara verkauften, das reiche Bergbaugebiet, in dem Silber und Kupfer abgebaut wurden, aber behielten. 1401 wurden die Herren von Welsperg mit der Herrschaft von Primiero belehnt und behielten diese Rechte bis zum Jahre 1827. Die Zugehörigkeit zu Österreich endete mit dem Frieden von Preßburg (1805), als Napoleon die Provinz Venetien an das Königreich Italien anschloss.

Mit dem allmählichen Versiegen der Silber- und Erzadern verließen Knappen und Handwerker das Tal; viele Bewohner mussten ihre Dörfer verlassen und anderswo ihr tägliches Brot verdienen. In der zweiten Hälfte des 19. Jahrhunderts kam es zu einer langsamen Erneuerung des Wirtschaftslebens im Tal, als viele ausländische Bergsteiger für die eindrucksvollen Berggruppen lebhaftes Interesse bekundeten. Nahezu gleichzeitig mit dem Fremdenverkehr entwickelten sich holzverarbeitende Industrien, Sägewerke, Molkereibetriebe und sogar eine Brauerei.

Wie verhält man sich während der Wanderungen?

Das Wandern in einer fast unberührten, natürlichen Landschaft stellt für den Menschen ein einzigartiges Erlebnis dar. Will der Wanderer Erholung und Genugtuung finden, sollte er einige Ratschläge befolgen. Unerfahrene Personen sollten vor allem nur leichte Touren unternehmen, die bei normalen Wetterverhältnissen ohne Hilfe eines Führers durchgeführt werden können. Gebirgstouren verlangen große Erfahrung oder die Begleitung eines Bergführers. Die Grundausrüstung eines Wanderers sollte aus folgendem bestehen: Bergschuhe oder Stiefel mit Profilsohlen, geeignete Bekleidung, Rucksack, Regenschutz, Taschenapotheke, Sonnenschutz (Sonnenöl) und Wanderkarte. Eine Taschenlampe, ein Kompass und ein Höhenmesser sind weitere wertvolle Hilfsmittel. Vor Beginn einer Tour sollte man sich über den Zustand und die Länge der Strecke genau informieren, sowie auch über den Schwierigkeitsgrad, ohne zu vergessen, die körperliche Verfassung eines jeden zu überprüfen. Außerdem sollten die Wetterverhältnisse und die örtlichen Verhältnisse beachtet werden, auch unter Befragung der einheimischen Bevölkerung.

Ausrüstung

Es ist sicherlich nicht Aufgabe eines Klettersteigführers, einen vollständigen Katalog der Bergausrüstung aufzustellen. Aber wichtige Voraussetzung für das Gelingen einer Bergfahrt ist, neben dem genauen Studium von Führer und Karte, eine optimale Ausrüstung. Hier gilt der Grundsatz: »Nur das Beste ist gut genug«. Zur Grundausrüstung gehören solide Bergschuhe mit griffiger Profilgummisohle; Turnpatschen oder zu leichte Wanderschuhe bieten auf den meisten Klettersteigen mehr Nach- als Vorteile (rutschiger Fels, steile Geröllhalden, Altschneefelder usw.). Bei der Oberbekleidung ist alles erlaubt, was angenehm zu tragen ist. Sehr wichtig sind eine wasser- und windabweisende Jacke und Oberhose (Regenschutz). In extremen Situationen können ein Pickel, Steigeisen und ein UIAA-geprüftes Einfachbergseil (ca. 15 - 30 m lang) von großem Vorteil sein (zusätzliche Sicherung für schwächere Partner). Der Rucksack sollte noch Biwaksack, Rettungsfolie, eine kleine Apotheke, Taschenlampe, Proviant, Mütze, Handschuhe, Sonnenschutz, Taschenmesser, Toilettenpapier, Streichhölzer, Schreibzeug und Ausweispapiere beinhalten.

Das Wichtigste bei einer Klettersteigausrüstung, und hier sollte man auf keinen Fall Kompromisse eingehen, sind UIAA-geprüfte Ausrüstungsgegenstände: Steinschlaghelm, Brust- und Sitzgurt, sowie speziell im Sportfachhandel angebotene Klettersteig-Sets in der "Y-Form": Die frühere "V-Form" oder die Verwendung von diversen Bandschlingen, dünnen Seilstücken oder sogar Reepschnüren und normalen Karabinern entspricht nicht den Sicherheitsanforderungen, 2 Klettersteigkarabiner mit selbsttätiger Verschlusssicherung. Griffige Lederhandschuhe oder noch besser spezielle Klettersteighandschuhe schützen vor beschädigten Drahtseilen.

Anseilen und Sichern auf Klettersteigen

Neben den objektiven Gefahren (Steinschlag, Wettersturz usw.) auf Klettersteigen besteht die Gefährdung durch defekte Sicherungsanlagen. Belasten Sie niemals bedenkenlos Klammern, Drahtseile und Leitern, sondern überprüfen Sie diese auf ihre Festigkeit! Blitz- und Steinschlag, aber auch die laufende mechanische Beanspruchung könnten die Sicherungsanlagen beschädigt haben. Halten Sie Abstand! Innerhalb zweier Fixpunkte eines Drahtseiles sollte sich nur eine Person befinden. Die Gefahr, durch einen Sturz des Vorgängers mitgerissen zu werden, wird dadurch geringer.

Der richtige Gebrauch der Klettersteigausrüstung sieht wie folgt aus:

1. Brust- und Sitzgurt anlegen. Bei Sturz ohne Sitzgurt kann durch Abschnürung der Blutgefäße rasche Bewusstlosigkeit und in Folge der Tod eintreten. Für Kinder ist die Sicherung mit Brust- und Sitzgurt sehr wichtig, verhindert doch die Verwendung des Sitzgurtes das Herausrutschen aus dem Brustgurt. Die Gefahr besteht deshalb, weil Kinder in Gefahrensituationen instinktiv nach oben, das heißt zum Seil greifen und sich dabei »dünn« machen.

2. Die einzige sichere Form des Einbindens in den Brust- und Sitzgurt erfolgt nur mehr in der sogenannten "Y-Form". Beide Enden sollten ins Drahtseil eingehängt werden und trotzdem ist noch das Bremsseil wirksam. Die wohl derzeit modernste und einfachste Form des Einbindens ist die mit einer eingenähten Bandschlinge in die Bremsplatte. Die Bandschlinge wird einfach per Ankerstich mit dem Brust- und Sitzgurt verbunden. Verschiedene Fabrikate in verschiedenen Preisklassen sind im Sportfachhandel erhältlich. Die Gefahr eines Sturzes durch Steinschlag, Unachtsamkeit, defekte Sicherungen usw. ist nicht auszuschließen. Belastungsversuche des Sicherheitskreises des Deutschen Alpenvereines haben ergeben, dass nur spezielle im Sportfachhandel angebotene Klettersteig- Sets den freiwerdenden Fallkräften standhalten.

   Klettersteigbremsen dämpfen den Fangstoß erheblich und können den Bruch der Selbstsicherung und auch der Sicherungsanlagen an Klettersteigen verhindern.

3. Sichern Sie schwächere Partner immer zusätzlich mit einem ca. 15 - 30 m langen, 11 mm starken UIAA-geprüften Einfachseil!

Alpengasthöfe und Unterkunftshütten

Wir übernehmen keinerlei Verantwortung für die Angaben. Bevor Sie eine Wanderung unternehmen, erfragen Sie bitte im Talort die Bewirtschaftungszeiten und Übernachtungsmöglichkeiten der Schutzhütten. Für die schwierigeren Zugänge, Übergänge und Aufstiege ist es ratsam, sich von einem Führer begleiten zu lassen.

Die Telefonnummern der wichtigsten Hütten finden Sie auf Seite 45.

Baita la Ritonda, Rifugio, 1186 m (D 7) privat, in Val dei Canali an der Mündung des Val Pradidali. Zugang: mit dem Kfz. ab Fiera di Primiero. Übergänge: zum Rif. Treviso in Val Canali, 1631 m, Wanderweg ca. 1 Std.; zum Biwak Minazio, 2250 m, Wanderweg durch das Val Pradidali, hinauf durch das Val Pradidali, dann nach rechts über den felsigen Sattel zwischen dem Sasso delle Lede und der Cima Sedole ca. 4 Std.; zum Rif. Pradidali, 2278 m, teilweise dem vorher beschriebenen Wegverlauf folgend, ca. 3 Std.

Baita Segantini, 2170 m (C 3), Privatlokal am Costazzapass. Zugang: auch mit Kfz. vom Rollepass. Übergänge: zum Rif. G. Volpi al Mulaz, 2571 m, Wanderweg über den Mulazpass, 2619 m, 2.30 Std.; zur Malga Juribello, 1868 m, 1 Std.

Bottari Lorenzo, Rifugio, 1573 m (D 2), CAI Oderzo, auf der Malga Costazza im Valle di Vallés gelegen. Zugang: von Molino (Falcade), 1.15 Std. ca. Übergang: zum Rif. Laresei, 2250 m, auf dem Höhenweg "dei Pastori", über Casera Caviazza, Rif. Le Buse, dem Lago di Cavia entlang und zum Ziel, ca. 3 Std.

Boz Bruno, Rifugio, 1718 m (E 9), CAI Feltre, im oberen Nevatal. Zugänge: vom Val Nagaoni, teilweise mit Auto von Mezzano, ab Rif. Fonteghi, ca. 2.30 Std. Übergänge: zu den Biwaks Feltre und Walter Bodo auf dem Dolomiten Höhenweg (Troi dei Caserin), ca. 2.30 Std.

Brunner Giorgio, Bivacco, 2667 m (C 4), CAI Trieste, an den südlichen Ausläufern der Cima Zirocole. Zugang: von Canale d'Agordo bis Garés auf Fahrstraße, dann auf Wander- und Bergwegen, ca. 3.30 Std. (nur für Geübte). Übergänge: zum Biv. Fiamme Gialle, 3005 m, über den Val Strut-Gletscher und den Passo di Travignolo, 2925 m, 1.45 Std. (nur für Geübte); zum Rif. Rosetta "Pedrotti", 2581 m, ca. 2.30 Std.

Caltena, Rifugio, 1265 m (D 9), privat, im Val Giasinozza. Zugang: mit dem Kfz. ab Transacqua über Noali und Lac Sant.

Cervino Capanna, Rifugio, 2082 m (C 3), privat, auf der Straße die den Rollepass mit dem Passo di Vallés verbindet. Zugang: auch mit Auto. Übergänge: zur Malga Juribello, 45 Min. ca.; zur Baita Segantini, 20 Min.; zum Rollepass, 1980 m, ca. 25 Min.

Cima Comelle, Capanna, 1333 m (D 3) privat, im unteren Val delle Comelle. Zugang: von Garés, 15 Min.

Colbricon, Rifugio, 1927 m (B 4), privat, bei den gleichnamigen Seen. Zugänge: von der Rollepassstraße, auf der Höhe der gleichnamigen Alm zweigt der Weg ab, ca. 30 Min.; von der Gastwirtschaft Malga Ces, 45 Min. Übergänge: zum Rif. Punta Ces, 1.15 Std.; zum Biwak Aldo Moro, 2565 m, über die Forcella Ceremana, 2428 m, ca. 3.30 Std. Gipfel: Colbricon, 2606 m, 2 Std.; Cavallazza, 2324 m, 1 Std.

Cozzolino Enzo, Bivacco, 1350 m (E 4), CAI Trieste, an den Nordhängen des Monte Agner. Zugang: von Col di Prà (Taibon), ca. 2.30 Std.

Feltre e Walter Bodo, Bivacchi, 1930 m (E 9), CAI Feltre, am Pian della Regina. Zugang: von Sagron auf dem Dolomiten Höhenweg Nr. 2, 4 Std. (Achtung: versicherter Abschnitt). Übergang: zum Rif. Boz auf dem Dolomiten Höhenweg Nr. 2, ca. 2.30 Std.

Fiamme Gialle, Bivacco, 3005 m (C 4), CAI Fiamme Gialle Predazzo, an den süd-östlichen Hängen des Cimon de la Pala. Zugänge: von der Bergstation des Sesselliftes von San Martino di Castrozza, Wanderweg und dann Klettersteig Bolver Lugli, ca. 1.45 Std. (nur für Geübte); vom Rif. Rosetta "G. Pedrotti", über den Passo Bettega, 2667 m, ca. 2.45 Std.

Guide di San Martino, Bivacco, 2996 m (D 5), Società delle Guide Alpine di San Martino di Castrozza, an der Pala di San Martino. Der Zugang ist nur für geübte Bergsteiger.

Jellici, Bivacco, 2675 m (B 1), in der Nähe der Cima Bocche. Zugänge: von Paneveggio über die Malga Bocche und den gleichnamigen See, ca. 4 Std.; von Malga Vallazza, 1935 m, über den Juribrutto-See, ca. 3 Std. Übergang: zum Bivacco Redolf, 2333 m, über die Lùsiaseen, ca. 1 Std. Gipfel: Cima Bocche, 2745 m, 10 Min.; Cima Juribrutto, 2697 m, 1 Std.

Laresei, Rifugio, 2250 m (C 1), an den östlichen Hängen des Monte Pradazzo. Zugang: vom Passo Vallés, ca. 1 Std.

Malga Zivertaghe, Rifugio, 1375 m (C 6), privat, nicht weit von San Martino di Castrozza auf den Anhöhen zur linken Seite des Val Cismon. Zugang: auch mit Kfz. von San Martino di Castrozza. Übergang: zum Rif. Velo della Madonna über die Malga Soraronz, ca. 2 Std.

Malga Juribello, 1868 m (B 3), Privatlokal an der linken Talseite des Val Venegia. Zugang: Wanderweg von Pian dei Casoni, 1 Std. Übergang: zum Rollepass, 1980 m (Gasthöfe und Schutzhütten), ca. 45 Min.

Menegazzi Giovanni, Bivacco, 1737 m (E 6), in Pianlonch. Zugang: von Sarasin (Sagron-Mis), 1.30 Std.; von Villa Sant'Andrea (Gosaldo), 1.30 Std.

Minazio, Bivacco, 2230 m (D 6), CAI Padova, im Vallon delle Lede. Zugang: vom Rif. Treviso in Val Canali, ca. 2.30 Std. Übergang: zum Rif. Pradidali über den Passo de le Lede, 2695 m, auf dem Dolomiten Höhenweg, ca. 2.30 Std.

Moro Aldo, Bivacco, 2565 m (B 5), CAI Fiamme Gialle Predazzo; östlich vom Coston di Slavaci. Zugänge: von Paneveggio, auf Wanderweg in ca. 4 Std.; von San Martino di Castrozza über Malga Valcigolera und Forcella Ceremana, 2428 m, 3.30 Std.; vom Passo Rolle, 1980 m, über den Passo Colbricon, 1908 m, und die Forcella Ceremana, 3.30 Std.

Passo Cereda, Rifugio, 1361 m (DE 8), privat, in der Nähe des gleichnamigen Passes. Zugang: mit Kfz. von Fiera di Primiero. Übergänge: zum Rif. Treviso in Val Canali auf dem Dölomiten Höhenweg Nr. 2 über die Forcella d'Oltro, 2094 m, ca. 4 Std.; zu den Biwaks Feltre und Walter Bodo auf dem Dolomiten Höhenweg Nr. 2, ca. 5 Std.

Passo di Lùsia, Rifugio, 2055 m (A 2) privat, am gleichnamigen Pass. Zugang: mit Auto von Moena oder zu Fuß, ca. 3 Std. Übergang: zum Bivacco Redolf über die Baite del di Lastè, 2327 m, ca. 2 Std.

Passo Vallés, Rifugio, 2033 m (C 2) privat, am gleichnamigen Pass. Zugang: mit Auto von Falcade oder Predazzo. Übergänge: zum Rif. Laresei, 2250 m, über die Forcella di Pradazzo, 2220 m, ca. 1 Std.; zum Passo San Pellegrino, wenn man den Weg von der Forcella di Pradazzo fortsetzt, 2 Std.; zum Rif. Volpi al Mulaz, 2571 m, 3.30 Std. Gipfel: Monte Pradazzo, 2279 m, 1.15 Std.; Cima Valés oder Venegia, 2305 m, 1 Std.

Rosetta "Giovanni Pedrotti", Rifugio, 2581 m (CD 5) CAI-SAT Trento, in der Nähe des Passo Rosetta. Zugänge: mit Bergbahn von San Martino di Castrozza, dann auf Wanderweg, 20 Min.; von San Martino über den Col Verde (Einkehrmöglichkeit), weiter über den Passo Rosetta, 2572 m, ca. 3 Std. von Garés durch das Val delle Comelle, 4 Std. Übergänge: zum Biv. Fiamme Gialle, 3005 m, über den Passo Bettega, 2667 m, durch das Valle dei Cantoni, ca. 3 Std.; zum Rif. Pradidali, 2278 m, über die Pässe Val Roda und Ball, 1.30 Std.

Pradidali, Rifugio, 2278 m (D 6) CAI Treviso, in der Nähe des gleichnamigen Sees, der Winterraum befindet sich einige Meter tiefer. Zugänge: vom Val Canali zweigt der Weg ins Val Pradidali ab, ca. 3 Std.; von San Martino di Castrozza durch das Val Roda und über den Col de Bechi, ca. 3.30 Std. Übergänge: zum Rif. Velo della Madonna, 2.30 Std. (nur für Geübte); zum Rif. Treviso in Val Canali auf dem Dolomiten Höhenweg, ca. 4 Std.

Punta Ces, Rifugio, 2227 m (B 5) privat, an den südlichen Hängen des Colbricon. Zugang: mit Bergbahn von San Martino di Castrozza. Übergänge: zum Biv. Aldo Moro über die Forcella di Ceremana, 2428 m, ca. 2.30 Std.; zum Rif. Colbricon, 1927 m, über den gleichnamigen Pass, ca. 1 Std.

Reali Renato, Bivacco, 2595 m (E 5) CAI Fiamme Gialle Predazzo, in der Nähe der Forcella del Marmor. Zugang: vom Rif. Treviso in Val Canali über den Klettersteig Fiamme Gialle, ca. 3.30 Std. (nur für Geübte).

Redolf Sandro, Bivacco, 2333 m (B 1), in der Nähe der Lùsiaseen. Zugänge: von Fango (Valle di San Pellegrino), ca. 2.30 Std.; von Paneveggio über die Malga Bocche, ca. 2.30 Std. Übergänge: zum Rif. Passo di Lùsia über die Baite di Lastè, 2327 m, ca. 1.30 Std.; zum Bivacco Jellici über die Lùsiaseen, ca. 1 Std.

Treviso in Val Canali, Rifugio, 1631 (DE 6) CAI Treviso an den westlichen Hängen der Pala del Rifugio. Zugänge: von der Malga Canali (Fiera di Primiero) 1 Std.; von Gosaldo über die Forcella delle Mughe, 3.30 Std. Übergänge: zum Biv. Minazio, 2230 m, ca. 1.45 Std.; zum Biv. Reali, 2595 m, über den Klettersteig Fiamme Gialle, ca. 3.15 Std. (nur für Geübte); zum Rif. Pradidali, 2278 m, über den Passo Sedole, 3.30 Std., oder über den Passo delle Lede, 2695 m, 5 Std.

Velo della Madonna, Rifugio, 2358 m (CD 6), CAI-SAT Trento, am Fuße der Cima della Madonna, Winterraum immer geöffnet. Zugänge: von der Malga Zivertaghe, ca. 2.30 Std.; von San Martino di Castrozza ca. 3 Std. Übergang: zum Rif. Pradidali über den Portòn, Klettersteig, ca. 2.30 Std. (nur für Geübte).

Volpi Giuseppe al Mulaz, Rifugio, 2571 m (D 3), CAI Venezia, in der Nähe des Passo Mulaz, Winterraum immer geöffnet. Zugänge: von der Baita Segantini, 2170 m, ca. 2 30 Std.; von Molino (Falcade), über C.ra Focobon, 1894 m über den Col dei Pedoci, 2237 m ca. 4 Std.; von Garés (Canale d'Agordo), 4 Std. Übergänge: zum Biv. Brunner teilweise auf dem Dolomiten Höhenweg, ca. 3 Std.; zum Rif. Rosetta "G. Pedrotti" auf dem Dolomiten Höhenweg, ca. 5 Std. Gipfel: Monte Mulaz, 2906 m, 1 Std.

Die Telefon- und Faxnummern der Tourismusvereine bzw. Tourismusverbände finden Sie auf Seite 45.

Politische Übersichtsskizze/Confini Amministrativi
1:180 000

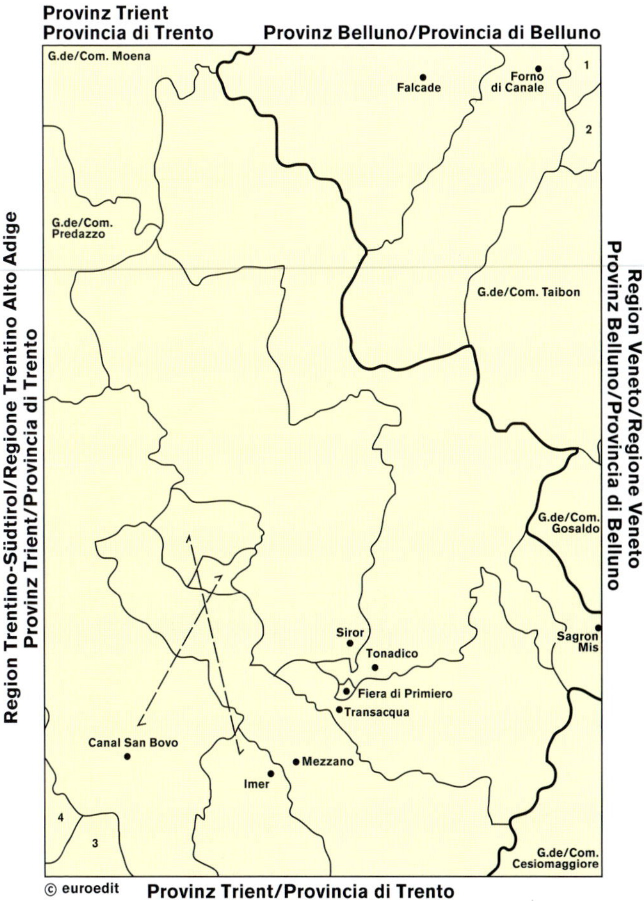

Gemeindegrenze / Confine di comune
Provinzgrenze / Confine di provincia

Provinzhauptort / Capoluogo di provincia
Gemeindehauptort / Capoluogo di comune

1. G.de Vallada / Com. di Vallada
2. G.de Cencenighe / Com. di Cencenighe
3. G.de Cinte Tesino / Com. di Cinte Tesino
4. G.de Castello Tesino / Com. di Castello Tesino

CANAL SAN BOVO B 9

Gemeinde, Prov. Trient, Einw.: 1152, Höhe: 757 m, Postltz: I-38050. **Auskunft**: Consorzio Turistico Valle del Vanoi, Büro von Canal San Bovo. **Bahnstation**: Feltre (29 km).

Canal San Bovo breitet sich mit seinen Fraktionen am Zusammenfluss der Täler Vanoi und Lozen aus. Der Hauptort liegt in herrlicher Umgebung auf einem Schwemmkegel des Torrente Lozen. Der Sommer- und Winterurlaubsort ist Ausgangspunkt zahlreicher Wander-, Reit- oder Mountainbiketouren. Neben den Schönheiten der Natur und Landschaft bietet er auch eine Küche, die sich durch naturbelassene traditionelle Speisen auszeichnet.

Sehenswert im Ort und in der Umgebung

Das **Ökomuseum des Vanoi**, beim Rathaus. Das **Historische Museum des Ersten Weltkriegs auf dem Lagorai** in Caoria. Die **Pfarrkirche**, die 1828 schwere Schäden durch die Überschwemmung erfuhr; sie wurde dann neu erbaut; wertvoller Hauptalter barocken Stils. Das **Kirchlein San Silvestro** in Gobbera stammt aus dem 14. Jh., der Glockenturm jedoch ist erst später errichtet worden (17. Jh.). Die **Grotten** zwischen der Fraktion Ronco Chiesa und dem Talschluss.

Spazierwege und Bergtouren

Zum Lago di Calaita, 1621 m, ab Zortea über die Forcella di Valsorda, 2094 m, und das Val Pisorno, ca. 5.30 Std. Auf die Forcella di Valsorda, 2094 m, von Prade über den Col delle Mede und Malga Boalòn, 1753 m, ca. 4 Std. Auf den Monte Totoga, 1705 m, von Gobbera über Pra di Totoga Alta, ca. 3 Std.

FALCADE D 1

Gemeinde, Prov. Belluno, Einw.: 2207, Höhe: 1019/3054 m, Postltz: I-32020. **Auskunft**: Consorzio Turistico Val Biois; I.A.T. Informazione Accoglienza Turistica Falcade. **Bahnstation**: Belluno (50 km), Bolzano (70 km). **Bergbahnen**: Seilbahnen, Sessellifte, Skilifte.

Falcade, das sich in der weiten, sonnigen Ebene des Val del Biois befindet, ist ideal auf einer Höhe von 1.100 m gelegen, die sich für alle - Gruppen und Familien, Jugendliche und ältere Menschen - eignet. Der Ort ist leicht erreichbar: von Süden über die Autobahn bis Belluno, dann auf der Staatsstraße nach Agordo (Nr. 203) bis zur Abzweigung von Cencenighe, wo man die Staatsstraße 346 einschlägt, die in wenigen Kilometern ans Ziel führt; von Norden geht es von der Autobahnausfahrt Egna-Ora (Neumarkt/Auer) auf der Staatsstraße 346 weiter in Richtung San Pellegrinopass.

Falcade ist ein bedeutender Sommer- und Winterurlaubsort, der umrahmt wird von den Dolomitengipfeln Cime d'Auta, Marmolada, Focobon, Monte Civetta und Monte Pelmo.

Die Unterbringungsmöglichkeiten stellen auch die anspruchsvollsten Gäste zufrieden: Sie reichen von 4-Sterne-Hotels über Familienpensionen, B&B, Schutzhütten, Campingplätze bis zu einem Agriturbetrieb (Urlaub auf dem Bauernhof). Auch das Angebot an Apartments ist breit gefächert: von der Einzimmerwohnung bis zum Haus mit 6 Betten.

Im Winter ist das Skifahren im Skibezirk Trevalli möglich, wobei die Liftanlagen genau vom Ortszentrum wegführen: 100 km Pisten, Snow-Board-Areale, ein Übungshang, 26 Liftanlagen. Den Langläufern stehen drei Ringloipen (30 km) zur Verfügung, die in der Ebene der Ortsmitte verlaufen. Außerdem sind die Natureispiste, die Rodel-Straßenpiste und Wege zum Schneeschuhwandern zu nennen. Verschiedene Sportgeschäfte verleihen sämtliche Ausrüstungen, eine Ski-alpin-Schule und eine Langlaufschule bieten den entsprechenden Unterricht. Verschiedene Lokale sichern

Canal San Bovo: Prade

Après-Ski-Unterhaltung, Life-Musik, Country-Abende. Im Sommer können die Gäste die beiden Naturparks der Umgebung durchstreifen, den Nationalpark Dolomiti Bellunesi und den Naturpark Paneveggio: Ausflüge mit Begleitung, Lehrveranstaltungen, Besucherzentren; auf die Sportler warten Tennisplätze, ein Fußballfeld, ein Radweg, zahlreiche Mountainbike- oder Reitwege. Allen bieten sich Spaziergänge durch die Natur an, auf denen man die alten Tabià (Berghütten) entdecken und die Stille der antiken Siedlungen genießen kann, die von der Höhe der umliegenden Hügel auf Falcade blicken. Sehr interessant ist das Murer-Museum, das Atelier des berühmten Bildhauers von Falcade, in dem über hundert Werke (Zeichnungen, Holzskulpturen, Bronzewerke) ausgestellt sind.

Spazierwege und Bergtouren

Wanderung zum Caviasee, 2102 m, ab Molino auf dem Höhenweg "Alta Via dei Pastori" über Casera Vallés, 1711 m, ca. 3 Std. Zum San Pellegrinopass, 1919 m, teilweise dem vorher beschriebenen Weg folgend, weiter über den Caviasee, dann auf dem Dolomiten Höhenweg Nr.2 zum Pass, insgesamt 4.30 Std. Zur Casera di Focobon, 1894 m (Ausgangspunkt für zahlreiche Touren in die Palagruppe), ab Molino, ca. 2.30 Std. Übergang: auf den Passo di Vallés, 2032 m, von Molino zur Casera di Focobon, 1894 m, von dort auf dem Dolomiten Höhenweg Nr. 2 weiter über den Passo di Focobon, 2291 m, und die Forcella Venegia, 2217 m, zum Ziel, ca. 6 Std.

FIERA DI PRIMIERO — C 8

Gemeinde, Prov. Trient, Einw.: 528, Höhe: 710 m, Postltz.: I-38054 **Auskunft**: Azienda Promozione Turistica San Martino di Castrozza e Primiero, Büro von Fiera di Primiero. **Bahnstation**: Feltre (32 km).

Fiera di Primiero liegt am Zusammenfluss der beiden Bäche Cismon und Canali, gegenüber dem imposanten Dolomitenmassiv der Pale di San Martino. Durch seine begünstigte Lage ist der Ort ein idealer Ausgangspunkt für Wanderungen und Bergtouren. Zu jeder Jahreszeit ist Fiera di Primiero ein ausgezeichneter Fremdenverkehrsort; im Winter bie-

Tonadico: Kirche S. Vittore, Holzrelief/Chiesa di S. Vittore, rilievo ligneo

tet er durch die Nähe des bekannten Wintersportortes San Martino di Castrozza zahlreiche Sport- und Unterhaltungsmöglichkeiten. Der Ort ist Verwaltungssitz des Tales und ein gut florierendes Handelszentrum. Er wurde um das 15. Jh. im Anschluss an eine starke Zuwanderung von deutschen Bergwerksarbeitern gegründet. Im Mittelalter war Fiera Teil einer "Comunità", die wiederum den Feltriner Bischöfen unterstand. Der heutige Ort entstand zu jener Zeit als hier Märkte und andere Treffen abgehalten wurden. Im 14. Jh. gehörte das Tal zum Lehen der Welsperg, die das Gebiet bis Anfang des 19. Jh. verwalteten. Eine große Bedeutung kam der Bergbauarbeit zu, die für lange Zeit die Kupfer- und Silbererze ausbeutete. Nach dem Aufstand gegen die französisch-bayerische Herrschaft wurde der Ort in das Department Piave von Bonaparte eingegliedert. Später kehrte er unter die Herrschaft der Habsburger zurück und kam dann 1918, am Ende des ersten Weltkrieges, endgültig zu Italien. In Fiera di Primiera wurde Luigi Negrelli, Planer des Suezkanals, geboren, der auch verschiedene Entwürfe und Projekte für europäische Eisenbahnen schuf. Im November 1966 erlitt Fiera di Primiero ebenfalls große Schäden aufgrund der verheerenden Überschwemmungen, die in jenem Herbst beinahe ganz Italien heimsuchten.

Sehenswert im Ort und in der Umgebung

Der **Palazzo del Dazio o delle Miniere** (Bergwerkspalast, 16. Jh.). Das **Kirchlein San Martino**, ein romanischer Bau aus dem Jahre 1000. Die **Pfarrkirche Santa Maria Assunta** (15. Jh.) mit interessanten Kunstwerken im Inneren; kürzliche archäologische Grabungen brachten das Fundament einer frühchristlichen Basilika aus dem 5.-6. Jh. zutage. Der **Palazzo Welsperg** in der Piazza Negrelli. Das **Luigi-Negrelli-Denkmal**.

Spazierwege und Bergtouren

Zu den zahlreichen Schutzhütten der Gegend, s. jeweilige Hütte. Zum Lago di Calaita, 1621 m, über Bedolè, 1792 m, vorbei am Bildstockn der Kapelle Sant'Antonio und durch das Val Lozen, ca. 5 Std. ca. 3 Std. Zur Alpe Vederna, 1400 m, von Imer auf einer prachtvollen, mit Steinen gepflasterten Straße, ca. 1.30 Std.

IMER — C 9

Gemeinde, Prov. Trient, Einw.: 1152, Höhe: 670 m, Postltz.: I-38050. **Auskunft**: Azienda Promozione Turistica San Martino di Castrozza e Primiero, Büro von Imer (saisonabhängig). **Bahnstation**: Feltre (28 km).

Die Ortschaft dehnt sich im Becken von Primiero an der Straße aus, die an der rechten Seite des Torrente Cismon verläuft. Im Süden wird der Ort von den Feltriner Bergen beherrscht, im Nordwesten erheben sich die Gipfel der Cima Folga und der Cima di Grugola während im Nordosten die Dolomitengipfel der Pale di San Martino herübergrüßen. Der Ferienort besitzt nur einige Kleinindustrien. In früheren Zeiten verlief hier die Grenze zwischen Italien und Österreich. Der Ort scheint die älteste Ansiedlung des Valle del Primiero zu sein.

Sehenswert im Ort und in der Umgebung

Die **Pfarrkirche San Pietro e Paolo** (17. Jh.) erhebt sich im älteren Teil des Ortes und wurde 1122 umgebaut; im Innern einige interessante Fresken und Gemälde. Das **Staubecken im Val Noana**.

Spazierwege und Bergtouren

Auf die Alpe Vederna, 1400 m, von Imer auf prachtvoller Steinstraße, 1.30 Std. Zur Kapelle Sant'Antonio, 1513 m, über Casiei, Segnana, ca. 3 Std.

MEZZANO C 9

Gemeinde, Prov. Trient, Einw.: 1670, Höhe: 640 m, Postltz.: I-38050. **Auskunft**: Azienda di Promozione Turistica San Martino di Castrozza e Primiero, Büro von Mezzano (saisonabhängig). **Bahnstation**: Feltre (29 km).

Die Ortschaft Mezzano breitet sich in einer Talweitung oberhalb der Mündung des Noana in den Cismon aus. Das Handwerkerdorf weist auch einige Industriebetriebe auf und wird vor allem im Sommer von Urlaubsgästen besucht. Städtebaulich gesehen hat der Ort viele der typischen Bauten dieser Gegend bewahrt, obwohl die Überschwemmung des Jahre 1966 vieles vernichtet hat.

Sehenswert im Ort und in der Umgebung

Die **Pfarrkirche San Giorgio** (17. Jh.) mit interessanten Gemälden und Fresken eines einheimischen Künstlers. Die **Casa De Zorzi** und die **Casa dei Tolèri** sind charakteristische Bauten dieser Gegend.

Spazierwege und Bergtouren

Rundwanderung: von Mezzano über die Cismon-Brücke, nach rechts durch den Tasediwald aufwärts, vorbei an der Kirche San Giovanni, 1175 m, und an Poit, 1183 m, zurück über Rines, Pra Long, Coppera, ca. 4 Std. Zum Lago di Calaita, 1621 m, vorerst in Richtung Pradet, hinauf durch das Tal des Rio San Pietro und an der Kapelle Sant'Antonio, 15212 m, vorbei (herrliche Aussicht auf die Pale San Martino) erreicht man die Straße des Val Lozen und dann den See, insgesamt ca. 4- 5 Std.

SAGRON-MIS E 7-8

Gemeinde, Prov. Trient, Einw.: 207, Höhe: 730/2486 m, Postltz.: I-36050. **Auskunft**: Municipio (Gemeindeamt) Sagron-Mis. **Bahnstation**: Feltre (48 km).

Die Streugemeinde Sagron-Mis verteilt sich mit ihren Fraktionen im Becken des Torrente Mis an den östlichen Hängen der Felswände der Pale di San Martino. Obwohl die Ortschaft verwaltungsmäßig zur Provinz Trient gehört, ist sie geographisch gesehen eher dem Belluneser Gebiet zugeordnet und gehört zum Wassereinzugsgebiet des Cordevole. Die heimische Wirtschaft stützte sich in früheren Jahren auf den Bergbau vor allem im Val California; als die Erzlager versiegten, kam es zu einer massiven Auswanderung und zur Schaffung von Handwerksbetrieben. In der heutigen Zeit setzt man die Hoffnung auf den Fremdenverkehr, vor allem weil am nahen Passo Cereda entsprechende Infrastrukturen entstanden sind.

Verzeichnis der Telefonnummern der wichtigsten Alpengasthöfe und Unterkunftshütten

Baita La Ritonda, Rifugio/Hütte:	0439 762 223
Baita Segantini:	043 968 251
Bottari, Rifugio/Hütte:	0437 599 200
Boz, Rifugio/Hütte:	043 964 448
Caltena, Rifugio/Hütte:	043 962 879
Capanna Cervino, Rifugio/Hütte:	0439 769 095
Cima Comelle, Capanna:	0437 590 896
Colbricon, Rifugio/Hütte:	3487 952 430
Laresei, Rifugio/Hütte:	0437 599 000
Passo Cereda, Rifugio/Hütte:	043 965 118
Passo di Lùsia, Rifugio/Hütte:	0462 573 101
Passo Vallés, Rifugio/Hütte:	0437 599 460
Rosetta "Pedrotti", Rifugio/Hütte:	043 968 308
Pradidali, Rifugio/Hütte:	043 964 180
Treviso in Val Canali, Rifugio/Hütte:	043 962 311
Velo della Madonna, Rifugio/Hütte:	0439 768 731
Volpi Giuseppe al Mulaz, Rifugio/Hütte:	0437 599 420

Verzeichnis der Tourismusvereine

	Tel.	Fax
Canal San Bovo	0439 719 041	0439 719 041
Falcade I.A.T.	0437 599 241	0437 599 242
Falcade Cons. Tur. Val Biois	0437 599 068	0437 599 075
Fiera di Primiero	043 962 407	043 962 992
Imer	043 967 023	
Mezzano	043 967 032	
Sagron-Mis	043 965 009	
San Martino di Castrozza	0439 768 867	0439 768 814
Siror	0439 762 124	
Tonadico	043 962 405	
Transacqua	0439 762 097	

Alle Angaben ohne Gewähr!

Quadro d'insieme carte in scala 1:25 000
Wanderkarten im Maßstab 1:25 000

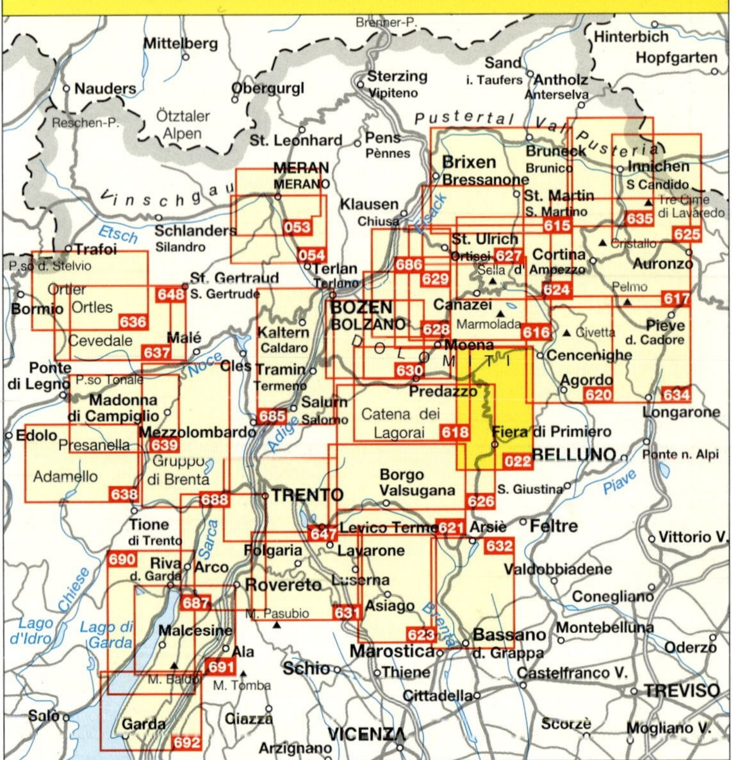

K 615 Brixen - St. Vigil - Enneberg/Bressanone - San Vigilio *
K 616 Gröden/Val Gardena - Sella - Canazei *
K 617 Cortina d'Ampezzo - Dolomiti Ampezzane *
K 618 Fleimstal/V. di Fiemme - Catena dei Lagorai *
K 620 Alleghe - M. Pelmo - M. Civetta
K 621 Valsugana - Cima d'Asta - Val dei Mocheni *
K 622 Pale di San Martino - Fiera di Primiero *
K 623 Altopiano di Asiago
K 624 Hochabtei - Alta Badia
K 625 Sextner Dolomiten/Dolomiti di Sesto
K 626 Catena dei Lagorai - Cima d'Asta
K 627 Villnößtal/Val di Funes
K 628 Rosengarten - Schlern/Catinaccio - Sciliar
K 629 Rosengarten/Catinaccio - Latemar
K 630 Regglberg/Latemar - Eggental/Val d'Ega
K 631 Altipiani di Folgaria, Lavarone e Luserna
K 632 Monte Grappa - Bassano del Grappa - Enego *
K 634 Pieve di Cadore - M.Antelao - Sasso di Bosconero
K 635 Hochpustertal/Alta Pusteria
K 636 Ortles/Ortler - Passo dello Stelvio - Valfurva
K 637 Cevedale - Valle di Peio - Alta Valfurva
K 638 Adamello - Val Genova - Val di Fumo
K 639 Presanella - Madonna di Campiglio - Tonale
K 647 Trento e dintorni
K 648 Parco Nazionale dello Stelvio Settore Trentino
K 685 Südtiroler Weinstrasse - La Strada del Vino *
K 686 Val di Fassa - Sella e Marmolada *
K 687 M. Stivo - M. Bondone - Rovereto - Mori - Arco
K 688 Gr. di Brenta - M. di Campiglio - Andalo - Molveno *
K 690 Alto Garda e Ledro - Riva del Garda - Malcesine - Torbole - Limone *
K 691 Monte Baldo Nord - Brentonico - Malcesine
K 692 Monte Baldo Sud - Bardolino - Garda - Torri d. B.

* Titoli con breve guida in lingua italiana e tedesca.
* Titel mit Kurzführer in deutscher und italienischer Sprache.